儿童积极
心理学

曹刘霞 | 著

四川科学技术出版社

图书在版编目（CIP）数据

儿童积极心理学 / 曹刘霞著. -- 成都：四川科学
技术出版社, 2018.4（2025.12重印）
ISBN 978-7-5364-9035-2

Ⅰ.①儿… Ⅱ.①曹… Ⅲ.①儿童—心理健康—健康
教育—家庭教育 Ⅳ.①G444

中国版本图书馆CIP数据核字(2018)第079018号

儿童积极心理学
ERTONG JIJI XINLIXUE

著　者　曹刘霞

出 品 人　程佳月
责任编辑　夏菲菲
封面设计　胡椒书衣
责任出版　石永革
出版发行　四川科学技术出版社
　　　　　成都市锦江区三色路238号　邮政编码：610023
　　　　　官方微信公众号：sckjcbs
　　　　　传真：028-86361756
成品尺寸　170mm×240mm
印　　张　14　字数　200千
印　　刷　水印书香（唐山）印刷有限公司
版　　次　2018年6月第1版
印　　次　2025年12月第7次印刷
定　　价　42.00元

ISBN 978-7-5364-9035-2

邮购：成都市锦江区三色路238号新华之星A座25层　邮政编码：610023
电话：028-86361758

父母最好的爱，是在童年帮孩子建立
"心理幸福感"

从孩子出生的那一刻起，父母就希望孩子能够从此拥有幸福快乐的生活。可是，父母们可能并不知道，究竟哪些因素决定了孩子的内心感受，孩子童年的幸福密码到底是什么。

什么能让孩子真正地感受到幸福快乐？是高超的智商，还是没有压力、完全自由自在的生活？毫无挑战的童年，就一定是幸福的童年吗？

幸福并不是这样一种简单的自我满足，它是一种积极向上的，永远保持热情和希望的状态。什么是幸福？世界卫生组织给出了这样的定义："幸福是一种生理和心理上，以及社会生活上的相对完美状态，它是对自己的能力做出正确的评估，是镇定从容地面对各方的压力，是有所成效地学习和工作，是有余力地给他人或社会带来一些帮助或贡献。"

现在家长们知道，幸福并不是一件简单的事情，孩子们如果不具备这样的能力，他们就无法获得发自内心的快乐。

我们看到生活中有一些孩子，在度过婴儿学步期之后，他们的好奇心和活力几乎被耗光了。他们焦躁、不快乐，常常感到厌倦，与生俱来的探索欲望和生活热情慢慢变得暗淡，他们的目标感好像消失了。

其实，每个孩子天生都具有巨大的潜能，但不是所有孩子都有机会和能力发挥出自己的潜能，过上充实和美满的生活。对他们来说，潜能和现实之间的距离太过遥远，生活中的挑战阻碍了他们勇往直前的脚步，甚至消耗了他们天生的热情和快乐。童年只有一次，对每个孩子来说，开发潜能、实现自我的机会都无与伦比的珍贵，如果错过了，一生都将无法弥补。

那么，谁来帮助孩子？毫无疑问，是他最爱的父母。父母能给予孩子最好的爱，就是在童年帮助他建立"心理幸福感"，这是一种根植于内心，源源不断地制造快乐和幸福的力量。

孩子一旦发现并掌握自己的力量，就能活力无限、茁壮成长，他们的生命力会蓬勃发展。对于孩子来说，心理幸福感会让他知道自己是怎样的人，以及自己能做什么。如果把童年的旅程比作一次大冒险，那么心理幸福感就像一台优良的发动机，它能带领孩子在平坦的道路上飞速奔跑，即使遇到糟糕的天气也能灵活地切换挡位，依然勇往直前。当然，拥有心理幸福感并不能让整个世界都围绕他运转，但是它能让我们的孩子在任何情况下都做好充分的准备，它会让孩子终其一生都自信、勇敢、乐观，不论身处何种环境都能积极应对，即使将来和父母分离，也能独立地过好自己的生活。

这本《儿童积极心理学》将带领广大家长探索孩子心理幸福感的真正来源，告诉家长，孩子在特定的年龄会出现怎样的特征，需要掌握何种能力，并从不同的角度详细探讨家长需要提供哪些支持，以及哪些方法和策略能有效地帮助孩子度过成长关键期中的困难阶段，让孩子在通往独立人生的"闯关"途中，一直保持热情、斗志和快乐。

本书吸收国内外知名心理学专家的论点，在翔实的理论、实验的基础上，结合大量家庭教育的实例分析，在爱和归属感、自信、情绪管理能力、学习力、探索力、社交能力、品德修养等多个方面，给出了具体的培养孩子心理幸福感的方法，尽量做到深入浅出、通俗易懂。

希望本书能帮助家长带给孩子一个快乐的童年，融洽亲子关系，促进家长和孩子共同在爱和幸福里成长。

目录
contents

第一章
营造温馨的家庭氛围，让孩子感受到无条件的爱

　　爱是阳光，爱是温暖，爱是幸福感滋生的土壤。孩子需要在无条件的爱里收获安全感。只有觉得安全，他才能放心地开始奇妙的生命旅程。

确保把爱的讯息传递给孩子

问题1 你的孩子知道你爱他吗？

在一档大型亲子类综艺节目中，一对父子的表现让人印象深刻。

阳阳是个6岁的小男孩，他勇敢、正直、友爱，对节目里比自己小的孩子都照顾得很周到。随行工作人员对小朋友们进行单独采访的环节中，他被全票通过选为"大家最喜欢的小伙伴"。看到这里，各位家长是不是会羡慕地表示：真是"别人家的孩子"！接下来的一个环节，可能要让人沉默了。

不得不说主持人是深谙儿童心理和善于观察细节的高手，他在"睡前采访"环节中，问阳阳："宝贝，你爱爸爸吗？"

阳阳不假思索地说："爱！"

主持人又问："那爸爸爱你吗？"

阳阳低下头，搓着小手不说话。

主持人温柔地重复了一遍："宝贝，你觉得爸爸爱你吗？"

阳阳终于说："有时候爱吧，有时候……不爱。"

在另一个房间通过摄像头观察到这一幕的爸爸忍不住红了眼眶，其他的家长纷纷说："孩子其实比我们想象的还要敏感。"

主持人为什么会这么问呢？通过节目里几组家庭的表现就知道了。其他几位爸爸在和孩子相处的时候，都会不时地拥抱、亲吻孩子，并热情洋溢地表达"爸爸爱你，宝贝""你是上天送给爸爸最好的礼物"。孩子们也会回应"爸爸，我也爱您""老爸，和您在一起就是最幸福的时光"。爸爸和阳阳在一起时，挂在嘴边的口头禅则是"你要做个好哥哥"。阳阳表现得沉默又懂事，点点头，努力表现得像个小男子汉。其他的小朋友会跑过来抱着他说："阳阳哥哥，我喜欢你！""阳阳哥哥，从今天起，我们就是好朋友了，好吗？"阳阳这时通常表现得"平静"又有点害羞。

阳阳的懂事，似乎有点超出了他的年龄，让人忍不住有点心疼。可能家长们的反应会跟阳阳爸爸一样："这个傻孩子，怎么会认为爸爸不爱你呢？"

没错，很多家长会说："哪有父母会不爱自己的孩子呢？我们这么辛苦工作，提供给他好的生活，花时间陪他、教育他，我心里当然爱他。"是的，但是我们心里的爱，为什么不表达出来呢？家长凭什么会认为孩子能够从毫不亲密的亲子相处模式中感受到父母深切的爱意？

很多家长会尽量给孩子提供好的物质条件，他们习惯用含蓄的方式表达对孩子的爱，而不善于用肢体接触或言语来表达。孩子也需要"感性教育"，因为人是偏感性的动物，即使孩子明白父母是爱他的，这个明白也只会停留在理性的层面。如果父母能够用更感性的方式直观地表达出来，孩子就能够在情感层面上感受到父母的爱，获得更多安全感和美好的情感体验。

那么，家长应该怎样向孩子表达自己的爱呢？

1. 微笑的表情

在韩国著名的"视崖实验"中，几个月大的小宝宝和妈妈被分隔在"视觉悬崖"的两边（其实"悬崖"上有透明玻璃地面，可供宝宝安全通过）。当妈妈面无表情的时候，宝宝因为对"悬崖"的恐惧，犹豫了一下便转头返回；而当妈妈露出灿烂的微笑时，即使"悬崖"中间又加了"火海"的投影，宝宝也会毫不犹豫地笑着爬过来。可见父母的微笑能给孩子内心带来巨大的正能量！注意，父母要多给孩子看自己微笑的正脸，而不是给孩子看侧脸或半侧脸。

2. 亲昵的身体接触

美国心理学家哈特经大量实验证明，孩子和动物一样有"另类饥渴"的问题，在婴幼儿时期表现得尤为明显。即使长大了，孩子也喜欢靠着大人或者拉着大人的衣服，这就是"皮肤饥渴"的表现。如果这种饥渴得不到满足，孩子就会变得性情孤僻、抑郁。消除这种饥渴最好的食物就是父母的亲吻、抚摸和拥抱。

3. 温柔的情绪

有的父母在盛怒之后后悔，于是苦口婆心地对孩子表达自己的爱："爸爸妈妈这么爱你，就是天上的星星也想摘给你，你以后就乖一点好不好？"嘴里说着"爱"，可明明怒气未消。家长要注意，孩子首先感受到的是你的情绪，他怎么有能力分辨爸爸妈妈是在生气还是在表达爱？

4. 充满爱的语言

在这方面，孩子其实是父母的老师。孩子天生愿意表达爱，这个过程让他们感到快乐、内心充盈。父母要放下成人的羞怯心理，大胆地告诉孩子"宝贝，我们爱你"。

爱与溺爱是完全相反的两件事

问题2 孩子会被"爱"惯坏吗？

随着"刁蛮任性""自私自利""自理能力差"等缺点越来越多地在孩子们身上体现出来，并被各种媒体无限放大，年轻的家长们越来越认同"对孩子不可溺爱"的观点。然而，很多家长只是简单地把"溺爱"理解为"很多很多的爱"。这种理解是非常片面的。

一位36岁的男士，8岁孩子的爸爸，写信向育儿专家求助。

老师，您好！

自从有孩子以来，我就很关注科学育儿方面的知识。现在很多专家都提倡对孩子进行"放养"，尊重他的独立性，给他充分的自由。一直以来，我和他妈妈也是这么做的，我们把他当朋友对待，做什么决定之前都会征求他的意见，我们很少批评他、约束他，也不干涉他的爱好，甚至我还陪着他打游戏。可是亲戚朋友都劝我们，说我们太溺爱、娇惯孩子，"家长就要有家长的样子，孩子这么大，再不管教就晚了"。

孩子小的时候，我们不以为然，但是他现在慢慢长大了，我们发现他比同龄的孩子好动、胆子大，而我们的父子关系也更像是"哥俩"。我们不禁反思，自己是不是真的如别人说的那样太溺爱孩子，这样发展下去，孩子会不会变坏呢？

之所以这么惯着孩子，其实跟我的心结有关。我就是在那种"棍棒底下出孝子"的教育下长大的，父母对我很严厉，从来不溺爱我，我童年的印象里只有责骂、惩罚，没有表扬、奖励。虽然我在外人眼里一直很优秀，但是只有我自己知道，童年的不愉快经历从来就没有淡忘过。从小到大，我做任何事都没有自信，即使获得成功也并不快乐，只是觉得如释重负。

我不希望我的孩子也跟我一样，可是到底哪种方式才是真正地对孩子好呢？

首先，我们必须要表扬一下这位爸爸。他关爱孩子成长，用心学习相关知识，并根据自己的亲身体验对专家的观点提出了质疑。那么，现在我们来解答一下这位爸爸的困惑吧，他到底是不是在溺爱孩子？孩子会不会被"爱"惯坏呢？

心理学认为，溺爱和爱，从本质上来说就是两种东西。溺爱的出发点是"管制、包办、批评"，而爱的出发点是"自由、宽容、欣赏"。

溺爱，就像是"披着羊皮的大灰狼"，它披着"爱的外衣"，行使的却是"占有和控制"的权力。家长按照自己的意志去管理孩子，剥夺了孩子方方面面的自由，然而可能家长自己心里也不清楚，溺爱背后的心理基础是恐惧和不信任。在现代教育理念中，它恰恰是"反爱"，是违反儿童正常潜能的发展规律的，这也就是为什么被溺爱的孩子身上更容易出现心理问题，比如缺乏主见、没有同理心、在家刁蛮在外胆小，等等。

爱背后的心理基础则是尊重和信任，只有自由的人才能拥有独立的思想和快乐的灵魂。父母要想培养出快乐、幸福、有主见的孩子，就要给予孩子足够的爱，并懂得把自由和宽容还给孩子。

现在我们分析得出，这位爸爸并没有溺爱孩子，在"尊重""信任"这两点上，他凭着直觉做得很好。同时，他的担心是多余的。孩子在成长过程中必须得到充分的爱，正常的真爱，就像新鲜的空气和干净的水一样，是绝对不会把孩子"惯"坏的。任何形式的爱的匮乏或剥夺，都会给孩子造成不可逆的童年创伤，就像这位爸爸的父母所带给他的那样，令他人到中年依然无法忘怀。

很多家长和这位爸爸有着相同的担忧，怕自己把握不好爱的尺度，怕一不小心变成溺爱。下面，我们就教大家怎样从具体行为上区分这两者。

溺爱，最重要的标志就是"代替孩子去做他本来应该自己做的事情"，比如，孩子能自己穿衣服了，家长还要帮他穿；孩子能自己吃饭了，家长还要喂他吃；等等。这种剥夺了孩子的自由意志和独立探索能力的爱，绝不是真正的爱。

真正的爱，是抱着欣赏和宽容的态度，在生活中赋予孩子以下3种权利，还给孩子的童年足够的自由。

1. 选择权

很多时候，家长喜欢对孩子的事大包大揽，事无巨细，从选择报什么兴趣班，到购物时选择哪一套服装。长期在这种"包办"下长大的孩子，容易变得没有主见，说话做事唯唯诺诺，或者有强烈的逆反心理。

2. 尝试权

孩子正处在天真烂漫，对任何新鲜事物都渴望积极探索的时期，家长应该在确保安全的前提下，鼓励孩子多尝试新事物。

3. 犯错权

过多的规矩会扼杀孩子的天性，孩子的成长不就是从"系错扣子""说错话"开始的吗？换个角度，家长是不是可以理解成"动手能力在增强""童言无忌"呢？

总而言之，家长不要太紧张了，在弄清爱的实质以后，顺应天性去爱孩子吧。爱本身不是问题，谨小慎微、患得患失的爱才是有问题的。

家长要保持一致的爱

问题3 ▷ 孩子在家里一定要有个怕的人吗？

在老一辈的育儿观念里，有"父母要一个唱红脸一个唱白脸"的说法。家长们认为，在家庭里，孩子必须要怕一个人，这样父母才能树立起权威，而"红脸"的适当出场，又能让孩子感受到被爱。事实真的是这样吗？看看下面的案例。

妈妈把削好的水果端到东东房里，看见散落一地的玩具，不禁皱起了眉头，说："东东，快去把玩具收好。"东东打游戏正上瘾，头也不回地说："好好，等一会儿。"妈妈边往房间外走边说："还有半个小时你爸爸就下班了，看到你房间这么乱又要说你。""知道啦！"东东不耐烦地说道。

东东今年才9岁，可是在妈妈眼里俨然已经是个"小人精"。爸爸在家的时候，他就乖巧温顺，认真写作业，还帮忙做家务；爸爸不在家的时候，他就贪玩任性，打游戏一打就是一下午，玩具随手乱扔，作业也是能拖则拖，任凭妈妈怎么催促他也没用，只有把爸爸搬出来，东东才会怕一点点。

东东为什么怕爸爸呢？爸爸在单位是领导，说一不二，并把这种作风带到了家庭教育中，对东东非常严厉。开始，妈妈觉得东东怕爸爸挺好的，但是时间久了，妈妈感到东东在自己面前越来越任性，已经到了管不住的地步，才开始发愁。

生活中有很多这样的例子，性格截然相反的两个人走到一起，成了孩子的爸爸和妈妈。在育儿问题上，如果双方采取刚柔互补的政策，那么孩子就很容易变成像东东一样的"小小两面派"。

孩子在成长的过程中，如果感受到足够的爱和自由，不存在被压抑的问题，他的心理就会健康地发展，他的行为就会遵从内心的指引和需要，很少出现失控和过激的表现。如果孩子在某处遭受过压抑，他对爱和自由的需求被大大限制，那么他一旦遇到能够释放的宽松环境，就会拼命释放，呈现出矫枉过正的病态行为。就像一个饿急了的人，遇到丰盛的食物，一定会食用过量。这就是东东会在妈妈面前任性、不听话的原因。爸爸的严厉、控制，让他表面服从，内心压抑，而这时妈妈的爱，就成了他宣泄的出口。妈妈的爱毫无原则，过分宽容，就使东东感到了过分的自由，因此他一不小心就放纵无度了。父母对孩子必须保持一致的有原则的爱，不能让孩子有怕的感觉，也不能让孩子觉得某一方更爱自己，自己可以在那一方面前更自在、更随意，甚至无法无天。

改变性格不是一朝一夕的事情，那么家长应该如何调整步伐，从而达到在亲子教育上的步调一致呢？

1. 维护夫妻感情

夫妻和睦是家庭教育最美的底色，如果没有这层底色，即使父母双方的教育理念再一致，孩子也无法从家庭中获取爱和快乐。

2. 放下固执，共同学习

夫妻双方在家庭里的地位必须是平等的，不存在一方控制、一方顺从的关系。当教育理念起冲突的时候，双方都应该心平气和地反思自己。多学习相关知识，多在教育中实践，多观察孩子的反应，心里有孩子的父母一定能判断出哪种教育方式对孩子更好。

3. 不要在孩子那里"争宠"

有的大人做了父母之后，心理依然不成熟，他们会试图在孩子那里"争宠"，甚至用溺爱和娇纵来博得孩子的好感，让孩子爱自己更多一点。父母千万不要这么做，一个和谐有爱的家庭里，父母在孩子的心里应该是一个整体，爸爸和妈妈同样地爱着他，他也会同样地爱着爸爸和妈妈。

稳定的爱的环境，才能带给孩子满满的安全感

问题4 — 孩子太黏人，只是因为喜欢父母吗？

孩子黏人的现象非常普遍，在其幼年时期表现得尤为明显。对此，很多父母的理解是：谁对孩子好，孩子就黏谁；孩子更喜欢谁，自然就舍不得离开谁。

是不是这样呢？

玲玲的父母都是"朝九晚五"的上班族，家里的老人又都上了年纪，没办法帮忙照顾孩子。玲玲从6个月起，就被托付给保姆王阿姨照顾。

起初，玲玲的父母非常不放心，上班的时候都在想：保姆会不会打骂孩子？孩子有没有好好吃饭？但是两个月下来，他们发现，孩子似

乎很依恋王阿姨。一家人一起出去玩，或者有朋友来家里做客的时候，玲玲只让父母和王阿姨抱，其他任何人想要抱抱她，她都会大声哭泣。爸爸妈妈认为，一定是王阿姨对玲玲照顾得很好，玲玲才那么黏她，所以就放心地让王阿姨继续照顾。

玲玲长到两岁多，有一次，妈妈带着她参加朋友的婚礼，她在妈妈怀里一直表现得很乖。婚礼中，妈妈要去台上发表祝福感言，就让身边的朋友帮忙抱抱玲玲。玲玲小声哭了起来，说什么也不愿意离开妈妈的怀抱。

妈妈稍微哄了她两句，就用了点力气把她推开，上台去了。谁知，这下玲玲彻底失控了，放声大哭，一边声嘶力竭地喊着"妈妈"，一边用脚拼命踢抱她的阿姨。妈妈觉得很尴尬，匆匆跑下台抱起玲玲，并一个劲地向朋友道歉。

玲玲为什么这么黏人呢？其实，是因为她缺乏安全感。

只有稳定的爱的环境，才能带给孩子真实而持久的安全感。如果孩子在爱和不爱的环境中不停切换，各种生活片段带给他的心理经验就是：只有他熟悉的人是安全的，除此以外的世界简直危机四伏。为了克服这种恐惧，他会把安全感移交到熟悉者身上，而不是建立在自己身上。在这种环境下生活的孩子思维不开阔，成长过程中获得的快乐也比较少。

那些一直处于稳定的爱的环境里的孩子，得到了爱的满足，获得了充分的安全感，就会把安全感建立在自己身上。他们往往独立性强、思维开阔、充满自信，同时快乐无比。

如果孩子身上出现了过分黏人，"除了某某谁也不要"的现象，家长就要从以下3个方面反思自己，是否没有给小家伙提供一个足够稳定的爱的环境。

1. 养育者成员的稳定

如果各方面条件允许，养育者的优先人选当然是孩子的父母，因为孩子对父母有天生的喜爱和依赖，其他任何人选都无法替代，并且随着年龄的慢慢增长，这种心理需要会越来越明显。如果条件不允许，父母也要坚持把孩子留在身边抚养，可以请孩子的至亲帮忙，且确定至亲对孩子有真心的爱。留守儿童和被寄养在亲戚家里的孩子，已经越来越频繁地出现不同程度的心理问题，不容小觑。

2. 养育者情绪的稳定

有的家长对孩子的爱要看自己的情绪，高兴的时候对孩子"猛爱"，生气或难过的时候对孩子"忘爱"，这种环境对孩子来说同样是不稳定的。在他看来，连最亲近的父母都这么反复无常，陌生人岂不是会更可怕？

3. 生活环境的稳定

搬家，让孩子转学，都不要太频繁，并且不可独断专行。这对家长来说虽然不算什么大事，但对孩子来说，意味着他的居住场所变了，小区和学校里的好朋友不见了，喜欢的老师不见了，他又要重新去适应一个陌生的不知是否友善的新环境。尤其是对性格内向的孩子，家长一定要多陪伴、引导，帮助他建立起在新环境里的安全感。

当心孩子有"找爱心理"

问题5 最近一周，你发现自己孩子的变化了吗？

　　5岁的米露在幼儿园玩耍时，不小心划伤了手指。老师急忙过来要帮她包扎一下，她微笑着说："老师，不疼！"老师只觉得孩子真懂事，但还是劝她："不包扎的话，是要感染的哟！"米露点点头，说："老师，那我回去让妈妈给我包扎。"老师看放学时间也快到了，并且米露的伤口也比较浅，于是再三叮嘱她别碰水。老师发现米露最近经常受伤，但是她也不哭，反而还有点高兴的样子。

　　班上还有一个孩子，叫鹏鹏。鹏鹏总是"搞破坏"，课堂上他把书往地上扔，睡觉的时候把枕头也往地上扔，但是他扔得没有什么来由，也没有不高兴，只是纯粹地捣蛋。有一天，鹏鹏又扔枕头，老师很有经验，抱住他亲了一下。鹏鹏哈哈大笑，乐得在床上打滚，然后再次把枕头扔下来。

这两个孩子怎么会有这么奇怪的举动呢？后来，老师在家访中发现，米露的妈妈刚生了小弟弟，而鹏鹏的爸爸妈妈是做生意的，平时很少有时间陪他，被鹏鹏"烦"的时候就拿钱给他，让他去买玩具自己玩。

很明显，两个孩子在家里得到的关注太少了，所以他们就"开动脑筋"，用可怜的"小手段"来博取大人的关注。

孩子一旦得到爱的满足，他就会表现出真实的自我，把全部精力都用在自身的发展上，他的心理素质、智力素质、人格素质、道德素质都会和谐地发展。

在家里得不到足够的关注，无法得到爱的满足的孩子，就会将每天的注意力放在寻找、索取甚至乞求爱上面。这种孩子不自信，不懂得如何跟其他孩子自然地沟通与合作，经常想方设法获取别人的爱，或者通过搞破坏来吸引大人的注意，或者通过揣摩大人的心思来得到爱。

孩子们在吸引大人注意的时候，心理的状态是："我知道只有这么做，他们才会爱我。"米露觉得自己受伤的时候，妈妈才会重视自己超过弟弟；鹏鹏觉得只有自己调皮捣蛋的时候，大人才不会无视他的存在。一旦这种"阴谋"得逞，他们就会乐此不疲。

让一个正处于天真烂漫时期的孩子用"心计"去获取甚至乞求爱，是很悲哀的一件事。家长应该多抽时间陪陪孩子，给予孩子充分的关注，避免孩子出现"找爱心理"，这样才能把天真和快乐还给他们。父母可以从以下几个方面去做。

1. 安排好工作和家庭的关系

工作忙不是不陪孩子的理由，工作累也不是嫌孩子烦的借口。家长一定要平衡工作和家庭的关系，抽出时间多陪伴孩子。

2. 多子女家庭的父母切忌偏心

有些父母错误地认为老大讨厌弟弟妹妹，其实孩子讨厌的是被夺走爱和被忽视的感觉。父母一定要多跟孩子沟通，反复强调并用实际行动证明他依然是自己心爱的宝贝，不要一味地强迫他让着弟弟妹妹，因为他也是个孩子。

3. 陪孩子做他喜欢的事

一整天在家躺着，家长玩手机，让孩子自己看电视，这算不算是陪孩子呢？当然不算。陪孩子就是要陪他做他喜欢的事，去游乐场，去吃美食，给他讲故事，等等。在陪伴的过程中，家长要投入真实的热情，不要流露出不耐烦和敷衍的态度。

4. 关注孩子的变化

孩子在婴幼儿时期，家长会热切地关注着他的一举一动、点点滴滴的变化：会翻身了，出牙了，会喊爸爸妈妈了……怎么等到孩子长大了，家长的热情反而消减了呢？从现在开始，用心关注孩子的变化吧：他长高了，瘦了，放学回来好像有点不高兴了，最近又迷上了一部新的动画片……如果你及时捕捉孩子的这些变化，并邀请他进行沟通和分享，孩子会非常高兴。

5. 安排"特别时光"

没有什么比定期安排一段属于孩子的"特别时光"更令他感到兴奋的了。有的家长可能觉得自己已经在孩子身上耗费了大量时间，但是与"随意的"或"不得已的"时间相比，"有计划的专属的"时间意义可大不一样。

2岁以下的孩子还不大能理解"特别时光"的含义，所以无须安排。对于2～6岁的孩子，孩子每天需要至少30分钟的"特别时光"。对6～12岁的孩子，对家长的依赖性逐渐减弱，但"特别时光"仍要保证每周一小时。

"特别时光"的重大意义在于，孩子能对此产生期待，他会感受到自己对父母非常重要，并由此获得爱、归属感和价值感。

三种父母相处模式，易给孩子造成童年阴影

问题6 你们夫妻吵架的时候，你观察过孩子在干什么吗？

不知道家长们有没有意识到，孩子的心理问题的背后往往隐藏着更严重的家庭问题。

都说一个家庭能给孩子的最好的爱就是父母相爱。生活在这种家庭里的孩子，无疑是幸运和幸福的。那么那些生在"爸爸妈妈相处不是很和谐"的家庭里的孩子，又会出现哪些隐藏的心理问题呢？

我们来看3种典型的不和谐的夫妻相处模式。

1. 一强一弱型

多多才两岁半，妈妈却发现，不知从什么时候起，这个天真活泼的小宝贝开始变得十分敏感。别的小朋友不小心碰了他一下，或者稍微发

点脾气，他就会哭出来，好久都不高兴。要是别人打了他，他就会大哭着反击，打不过别人就使劲打自己，打得脸都红了，妈妈拦都拦不住。

妈妈很心疼，同时又纳闷：孩子这么小，怎么会有这么奇怪的行为呢？她反思自己是不是哪里做得不够好。她回忆起自己每次大声斥责老公的时候，多多都会躲在一边哭。妈妈想：是不是自己太强势，所以才给多多的心理造成了不好的影响呢？

在家庭生活中，过度强势的人，对配偶施加了多大的压力，在一定程度上也会让孩子跟着承担多大的压力；对配偶施加了多少控制，就相当于给孩子设置了多少障碍。配偶是成年人，有能力隐藏或者消解内心的负面情绪，而孩子太小，他因内心受阻而形成的恨意无法排遣时，就只能采取一些极端的形式发泄，比如伤害他人或自己。

2. 冷暴力型

媛媛去同学家做客，惊讶于同学家里的氛围那么融洽。同学的爸爸和妈妈在饭桌上愉快地聊着天，说着工作中的趣事和一些亲戚朋友的消息。媛媛很羡慕，她的爸爸妈妈就从来不这样。

她的爸爸和妈妈在家里经常一天都说不上几句话，他们从来不聊天，更没有任何亲密举动。有时候妈妈问爸爸什么，爸爸就说："你不懂，别问了。"妈妈再唠叨几句，爸爸就干脆回房间里待着。他们已经分房睡很久了。媛媛在家里也不爱说话，她甚至放学后宁愿留在学校写作业，或者去同学家里，也不想回家。

家庭冷暴力是现今社会中大幅蔓延的"流行病"，尤其在学历较高，具有一定知识素养的夫妻当中，发生率更高。它最明显的特征就是彼此漠不关心，语言交流密度几乎降到最低。

在这种冷暴力下成长的孩子，会变得对周围的环境异常敏感，充满警惕。长期发展下去，有的孩子会敏感、不自信、刻意迎合他人；也有的孩子会继承父母这种简单粗暴的沟通方式，表现为情感上的冷漠，对他人的漠不关心。

3. 冷嘲热讽型

10岁的佳佳过年回到老家，舅舅跟她聊天："佳佳，你拿了这么多压岁钱，准备买什么呀？"

佳佳说："我不花，我要存起来。"

舅舅好奇地问："你存起来干什么呢？"

佳佳认真地说："我想去世界各地看看，坐飞机去美国……"

还没等她说完，妈妈就一下打断她："就你这个鬼样子，还想去美国？你看看你期末数学考了多少分，又是班上倒数第几名吧……"

佳佳有点脸红了。舅舅事后想安慰一下她，佳佳不以为意地说："没事啊，我早就习惯了。妈妈在家老说爸爸是'穷鬼'，说自己倒了大霉才嫁给爸爸，而爸爸则说妈妈那么胖，看哪个有钱人愿意跟她在一起。"

在部分家庭中，父母双方互相抱怨、挖苦、讽刺，以剥夺、践踏对方的自尊为快乐。在这种环境中成长的孩子，会得出"自尊原来是廉价的"心理认知，既无法建立起完整的自尊心，也不容易从各种消极评价中找到自身的价值。长久下去，孩子难以对父母产生真正的尊重，也难以产生追求目标的动力，成年以后则表现为对自己的期望过低，消极、怠惰，无法取得大的成就。

一个家庭的结构是否和谐稳定，夫妻之间是否互相尊重、关爱，直接决定了家庭带给孩子的爱的质量，也直接影响到孩子的身心健康发展。国内知名的心理学家曾奇峰说："夫妻关系是家庭的定海神针。"教育心理学领域也在越来越多地提倡，在家庭中，夫妻关系应该高于亲子关系。

夫妻关系是家庭关系的第一站，没有和谐的夫妻关系，健康稳定的家庭结构就无从谈起。孩子是家庭这棵大树上的爱的果实，而夫妻之间的爱就像大树的根系，根如果枯萎，果实怎么可能饱满呢？

第二章
呵护孩子的好奇心和想象力，那是无与伦比的童年珍宝

无处不在的好奇心和天马行空的想象力，是孩子描述心中世界的画笔，它能激发出孩子对生活的探索热情，让孩子的世界始终五彩缤纷。

别阻止"小淘气"的探索

问题7 宝宝为什么喜欢扔玩具?

果果才刚满一岁,他最大的兴趣就是玩鞋子。妈妈把他放在爬行垫上,刚转身的工夫,他就迅速爬到边界上,一把将地上的拖鞋抓起来,拿在小手里翻过来转过去地看。妈妈生气地把拖鞋从他手中夺下来,把他抱回原处,他很快又爬过来,将拖鞋拿在手里。每天,妈妈就像战斗一样,跟这个小家伙来来回回地这么"抢"上几十次。每次到最后的结果都是,妈妈筋疲力尽,使劲把拖鞋甩到一边,狠狠地揍一顿小家伙的屁股,果果委屈地号啕大哭。

玩玩具也是这样。妈妈把果果放在餐椅上,给他把玩具摆在餐盘上,想让他专心地玩一会儿。他不好好玩,还把玩具往地上扔,大人帮他捡了,他再扔。看到大人捡的时候,他就"咯咯"地笑,如果大人不帮他捡了，他就着急地哭。

妈妈都不知道拿这个小家伙怎么办了，他一会儿抢大人的手机，一会儿试图从床上爬到桌子上，还特别喜欢玩水，每次都把衣服弄得湿湿的。

妈妈如果知道儿童的心理发展规律，她就不会这么生气了。因为果果不是在捣乱，而是在探索。

在儿童心理学领域，有一个有意思的说法："孩子在6岁以前，是属于大自然的。"这句话是什么意思呢？

专家通过研究发现，当孩子的大脑发育还不成熟的时候，他们就像大自然里的小动物一样，身体是他们天然的"探索工具"。他们用身体去感受和认知这个世界，去发现身边一切新奇有趣的事物，虽然在大人眼里他们只是在不停地"玩"。心理学上把这一时期叫作"探索游戏时期"。

在这个时期，孩子每天只要一睁开眼睛，就会一刻不停地投入活动中，一刻不停地开始探索。没有一个成人能像孩子那样富有激情、充满活力，没有一个成人能像孩子那样长时间保持着旺盛的探索欲。比起孩子，大人更容易感到疲倦，感到厌烦。孩子似乎永远也不累，一刻也不能停下来，也从来不会什么都不干地躺在床上发呆。在大人看来平凡无奇甚至是沾满细菌的东西，在他们眼里都充满吸引力。他们想接触、摸索它们，把其中的奥秘一个一个地弄清楚。

探索是孩子的天性，而有幸没有受到大人过多的干涉，将这种天性和乐趣保留下来的孩子，会积累更多对生活的热情。一旦孩子的探索过程遭到大人的阻拦，甚至是粗暴地打断，他们就会非常不满，甚至痛苦。长此以往，他们的潜能就会遭到破坏。所以，家长应该加以引导，让孩子这种宝贵的天性不被泯灭，孩子的好奇心和快乐不被剥夺。

很多时候，宝宝的探索因为具有破坏性而被家长定义为"淘气"，家长与其担心孩子毁坏物品，不如教给他正确的操作方法，这样既满足他的好奇心，同时又把破坏性降到最低。另外，家长不要去训斥孩子不懂爱惜东西、不听话，因为孩子的世界很简单，他们根本不懂什么是更重要的。最后要说的是，家长一定要加强对物品的管理，把危险的、价值贵重的物品放在孩子看不见、拿不到的地方，只要能确保安全，就不妨尽可能地对孩子少干涉、少限制。

创造最利于孩子探索的物质环境

问题8 宝宝的玩具越多越好吗？

3岁的小明对厨房有着极大的"热爱"。每次妈妈在厨房里做饭，他都像个小跟屁虫一样，在里面晃来晃去。虽然妈妈一再警告"那个危险，别动！""小心烫着你！"但是小明不为所动。每次只要大人不注意，他就会偷溜进去，一进去可以待好久，尤其喜欢拉开碗柜的门，摆弄里面的碗碟，基本是百玩不厌。

和小明的妈妈一样，很多家长都反映，孩子在家里最喜欢去的地方就是厨房。家长们不明白，厨房到底有什么吸引力呢？这比孩子的玩具更吸引他吗？

孩子一定会喜欢玩具吗？玩具越多越好吗？其实这是个误区。

　　生活中我们会发现，孩子常常把各种色彩鲜艳的玩具放在一边，却来"抢夺"大人的生活用品，这时候就会遭遇大人的禁令，这个不能碰，那个不能动。孩子长期受到这样的阻拦，内心会很痛苦，甚至会失去探索新事物的乐趣。很多父母反映自己的孩子都五六岁了，动作还是很慢，肢体协调能力也不是很好，其实，这跟他小时候肢体能力没有得到良好的发展有很大关系。因此，大人应该在早期的时候多给孩子提供接触物品的机会。家庭是孩子的第一所"游乐场"，大人要有意识地布置家庭环境，把家里一些安全的物品都贡献出来，让孩子在玩耍中自由地使用。

　　什么样的家庭物质环境，最适合孩子的精神成长呢？

　　意大利教育学家蒙特梭利认为，孩子成长所需的物质环境需要满足这几个条件：自由、有序、真实自然，有美的氛围。

　　首先，这个环境必须是丰富的，可供孩子把玩的。家长在布置家居的时候，往往会选用一些自己喜欢的家庭用品，而没有将孩子的喜好考虑在内。比如，沙发、茶几、酒柜、书柜等，这些物品对孩子来说"太大"了，无法供他们进行探索。说到这里，家长们就不难理解孩子为什么最喜欢去厨房了——因为有各种厨具，包括锅铲、盘子、碗筷等，它们的大小和形状正好适合孩子把玩。在大人眼里，厨房是"危险重地"，可在孩子眼里，它却是最丰富、最诱人的"藏宝基地"。所以，家长在选择家庭用品之前，应该充分考虑孩子的各种需要，比如视觉需要、听觉需要、触觉需要，等等，尽量打造一个既适合大人，又适合孩子的温馨家居环境。有些家长喜欢整洁、一丝不乱，为了保持家里整洁干净，处处限制孩子的行动，但成人的这种公式化的"整洁"并不适合于天性好动的孩子。

当然物品要摆放得既丰富，又有序。大人要确保孩子在这个空间里可以独自享用，还能随便拿取自己感兴趣的物品而不被粗暴地干涉。这些物品是有类别和数量的，家长必须将他们按照类别摆放在孩子面前，才能为孩子提供自由选择的条件。如果大人不做分类，将物品随意堆放，或者将其装在一个大容器里，孩子就无法做自由的选择。

最后需要强调的是，孩子天生有对美的追求，在美的环境里，孩子的精神世界会更加丰富而快乐，所以家长可以在这方面花一些心思，比如摆上花和画作，都是不错的选择。

别用成人的思维，破坏孩子天马行空的想象

问题9 你会常常用孩子的思维陪他编故事吗？

陌陌在认真地画画，他画了蓝色的天空，绿色的草地，草地上有小朋友在跳绳，天空上有一条红色的鱼。他一笔一画地给那条鱼涂满颜色，这时爸爸走过来，指着鱼说："鸟不是你这样画的，来，爸爸教你画。"

陌陌不为所动，一边画一边说："爸爸，我画的是鱼。"

爸爸笑着说："我的傻儿子，哪有鱼在天上飞的，它没有翅膀还不掉下来了？你看看外面的天上有鱼吗？"

陌陌气鼓鼓地把笔放下，不画了。

很多家长不知道自己的一些热心"指导"，正在破坏孩子宝贵的想象力和创造力。孩子在没有被成人的规则束缚之前，他的想象力是天马行空的，千万不要去破坏它。

在每个孩子的心里，都拥有一个神奇的世界，是他们千变万化、无穷无尽的想象力构成了这个世界。想象是所有希望和灵感的源泉，是孩子创造美好人生的内驱力。

你认真听过两个小孩子的对话吗？如果家里有两个孩子，你不妨挑一个安静的下午，躺在床上，"偷偷"听听孩子们的对话。你会惊讶于孩子的想象力竟然远远超过大人，这是他们在用"孩子的思想"解释这个世界。

孩子的大脑从出生起逐渐成熟起来，他们学会了通过感觉器官来为大脑收集信息，并开始运用更多的时间来研究已经探索过的事物。因为生活阅历还很少，所以孩子对事物的研究不会有什么大的成果，他们的才华在于对真实事物进行孩子版的"改造"，这可能就是童话的由来。

认真倾听孩子口里的童话，你会发现这和成人写给孩子的完全不一样。这些童话更贴近生活，它们真实、轻松、美丽。心理学上把这一时期叫作"象征游戏时期"。

儿童心理学家认为，如果家长在这一时期总是向孩子灌输成人式的教条式的思维方式，就会扼杀孩子想象的乐趣，导致他们在未来也会失去创造奇迹的机会。

我们看孩子有时候乱涂乱画、自言自语，其实这都是他们在自己的想象世界里尽情徜徉，他们快乐地探索着，不希望被人干涉。如果这时候家长闯入，还对孩子的自我表演摆出好笑的表情，他们就会感到难为情。孩子的灵感和创造力也是有限的，如果被大人在无意间扼杀掉，他们就会因为被嘲笑或恐惧而逐渐放弃，最后失去这宝贵的天赋。

为了保护孩子自由自在的想象力，家长对待孩子的童言稚语应该耐心听完，并表示出真诚的兴趣，不要敷衍、打断，表现出毫无兴趣的样子。

有的家长认为孩子过多地幻想不好，会脱离生活，实际上不是这样，合理的幻想是更高层次的想象力，家长不但不用阻止，反而应该积极地鼓励。比如，孩子喜欢某个卡通人物，家长可以引导他想象："如果见到超人，你想跟他说什么？"孩子喜欢看科幻类动画，家长可以试着引导他想象未来的环境、交通会变成什么样子。

家长还可以陪孩子一起编故事，家长编出开头，鼓励孩子想象接下来的部分。除此之外，陪孩子做游戏也是放飞孩子想象力的大好时机。比如，小女孩喜欢玩过家家的游戏，家长可以问她："今天要给布娃娃穿什么裙子呢，带她去参加什么舞会呢？"小男孩喜欢玩小汽车，家长可以问他："今天你要开车带爸爸去哪里玩呢？"

家长越引导，孩子越好奇

问题10 孩子问的问题你答不上来，你会怎么说？

教育心理学认为，开启孩子好奇心和思考过程的源头往往是问题。在问题的启发下，孩子能产生新的思考、新的思路，充分调动头脑里的发散性思维，并提出创新意见。法国教育家保罗·弗莱雷说："没有对话，就没有交流，这样的教育不是真正的教育。"

一位儿童教育家这样说："孩子的好奇心可以被父母的无知磨灭，也可以被父母的爱心唤醒。"

生活中我们经常看到孩子问父母："鸟儿为什么可以在天上飞呀？"家长嫌孩子幼稚，就不屑一顾地说："这是什么问题呀，鸟儿本来就是在天上飞的呀！"因为家长的敷衍和取笑，孩子最初对大自然神奇现象的好奇心就这么失去了。

父母的知识水平，也会影响孩子好奇心的延伸。比如，孩子问爸爸："为什么手机可以用来通话？"爸爸回答："因为有电波传送声音啊。"孩子很感兴趣，接着问："那电波是什么呀？"爸爸被问住了，就说："这个爸爸也不清楚，以后老师会教你的。""哦。"孩子有点失望，他的好奇心也就此停住了。其实，如果爸爸稍微懂一点这方面的知识，孩子对于科学的好奇心就能被更多地激发出来，这段对话会得到更有趣的拓展。

我们看看遇到类似的情况，另一位家长是怎么做的。

晚上，舅舅给妈妈打电话，听到电话铃声的春春，从床上爬了起来。

电话打完以后，春春问妈妈："舅舅明明是夜里打的电话呀，他为什么说在吃午饭？"

妈妈笑着说："因为美国那边有时差呀。"

春春没听过这个词，就问："时差是什么？"

妈妈还要整理一些工作报告，就对春春说："宝贝，妈妈现在有点忙，对这方面的知识了解得也不是很多，等我尽快查完资料再告诉你，好吗？"

春春高兴地说："好！"

当天晚上，妈妈整理完报告，就找出地理书籍，仔细地阅读了地球的自转、公转方面的知识，第二天就把答案告诉了春春，春春听得津津有味。

　　为了培养孩子的好奇心，对于孩子的疑问，家长应该随时随地解答，答案未必明确，但是家长的态度一定要积极、诚恳。就算工作很忙，家长也不能用"走开，别烦我""我也不知道，别问了"这样的话来敷衍甚至斥责孩子。对孩子来说，父母给出的答案是否准确并不重要，重要的是他的好奇心是否得到了认真对待。聪明的、尊重孩子的父母会说"这个问题把妈妈难住了，我得好好想想，明天再告诉你""你的小脑袋瓜里怎么会有这么有趣的问题啊""先告诉爸爸，你是怎么想的"，这种有鼓励性质的回答，就会激发孩子更加强烈的好奇心，因为父母的态度让他觉得思考很愉快。

　　除了孩子提问，家长也可以多问孩子几个"为什么"，激发他的好奇心，培养他思考的习惯。

　　因为孩子的年龄尚小，大脑还未完全发育，思维不够敏感、活跃，所以容易对生活中的一些新鲜事物视而不见。比如，在公园放风筝时，父母可以问："宝贝，风筝为什么能飞起来呀？"到了冬天，父母可以问："你知道羽绒服为什么可以保暖吗？"在父母积极的引导下，孩子也会养成凡事多问"为什么"的好习惯，他对生活的好奇心会被激发出来。

　　对于孩子来说，好奇心是最强烈的心理活动，拥有完善的好奇心，往往代表着他拥有丰富多彩的内心世界。家长应该从生活的方方面面，从每个细节中去培养孩子的好奇心，激发他们快乐地探索世界的兴趣和欲望。

丰富孩子的生活阅历，激发他更高级的创造想象

问题11 你经常带孩子去哪里玩？他最喜欢哪里？

　　妈妈最近老是听到小庆和小亮在讨论外星人、外太空等："哥哥，你说外太空是什么样子的？""我也不知道，可能是大火炉，也可能有大怪兽！"妈妈心想：男孩子到了爱探索的年纪，不如带他们去拓展一下视野吧！于是，妈妈在一天晚上向他们宣布，要带他们去一个神秘又好玩的地方。两个小朋友兴奋极了，几乎一晚上都没怎么睡。

　　第二天，妈妈带他们来到了科技馆。科技馆的新奇玩意真是太多了，兄弟俩摸摸这个，看看那个，简直就是两个小科技迷。他们很喜欢里面的"投影灯"，灯光投射到地面上，形成月亮、星星、花、云朵、小鸟等影像。他们还参观了"火箭模型""时光隧道""月球车""泡泡工厂"等好多有意思的设施，小家伙们对每一样"大玩具"

都爱不释手。

回家之后，兄弟俩还是常常聊起外星人和外太空，只是他们聊的内容丰富有趣多了，妈妈发现在他们想象的外星世界里，有很多那天在科技馆看到的模型，比如时光隧道、月球车等。

小庆和小亮起初想象外太空时，脑子里没有具体的形象，只是随意发散想象，在科技馆见过那么多新鲜有趣的事物之后，充分调动了大脑的想象力，对其进行了加工创造。后一种想象是创造想象，它更加具体生动，它的出现代表了孩子想象力的进一步成熟和完善。

儿童想象的发展特点是从无意想象到有意想象，有意想象又可分为再造想象和创造想象。特别是在婴幼儿时期，他的想象是没有目的的，只是在某种事物的刺激下，自然而然地延伸想象到一些别的有共同点的

事物。

和大人相比，孩子拥有更强烈的好奇心和更发散的思维，但是由于生活阅历尚浅，知识面也比较狭窄，其想象力的发展难免受到限制。所以，孩子的生活阅历越丰富，头脑中留存的事物形象越多，就越容易将各种事物的特点联系起来，发挥丰富的想象力，这是儿童创造想象萌生的基础。

家长要想丰富孩子的想象力，就要丰富他的阅历和感性知识，让其头脑里充满各种事物的形象。

那么，家长如何丰富孩子的阅历和感性知识呢？

1. 让孩子多读书

家长可以引导孩子看他喜欢的书，比如一些趣味性强、故事性强的书，在这个基础上，再适当增加知识类的书。

2. 带孩子去旅行，让孩子多亲近自然

家长可以带孩子去旅游，开阔他的视野，抓住一切机会来丰富他的见识，比如给他介绍古城的建筑，讲古城的历史等。家长在周末可以多带孩子出去亲近自然，只要有空闲时间，就带他去博物馆、动物园等。

第三章
"你是这世界上独一无二的小孩！"
——培养自信满满的孩子

自信，是不论他人怎样评价，都能看到自己的长处，相信自己的能力。一个没有自信的孩子，往往看不到自己的长处，觉得自己不配拥有幸福。

把孩子当"小大人"一样尊重

问题12
你和朋友正在聊天，孩子也想参与，你会怎么做？

丘丘妈妈和亮亮妈妈是高中同学，亮亮妈妈老是羡慕地说："你家丘丘真讨人喜欢，活泼可爱，不像我家亮亮，说话都那么小声，胆子那么小，不知道像谁。"

这天，亮亮妈妈去丘丘妈妈家做客，两个人聊起以前上学时候的趣事，都笑得前仰后合的。这时候，丘丘走过来，想让妈妈陪他拼积木。妈妈把他拉到怀里，说："是阿姨先来找妈妈玩的，丘丘自己先拼，妈妈晚上再陪你，好吗？"丘丘想了想，眨眨大眼睛，说："那我可以加入你们吗？"妈妈笑着说："可我们聊的是女孩子的话题呢，你想听吗？"丘丘从妈妈怀里跑出去，说："不要不要，那我去接着拼积木了，妈妈，您和阿姨慢慢聊吧！"说完，还朝亮亮妈妈挥挥手说："阿姨，我不陪您喽！"

丘丘回房以后，亮亮妈妈特别惊讶地说："你在家里都这么跟丘丘说话吗？"

丘丘妈妈说："是啊，我把他当个小大人看待，小孩子看着不懂事吧，其实自尊心挺强的。"

这句话，说得亮亮妈妈更惭愧了。她在家遇到这种情况，都是简单粗暴地对亮亮说："去去，大人说话小孩子别插嘴！"有时候下班回家，亮亮有什么话想跟她说，她要是心情不好，就冲亮亮吼："都几点了，快去睡觉……"亮亮妈妈想，孩子这么胆小、不自信，会不会跟自己的教育方式有关系呢？

当然有关系，一个被当作"小屁孩"，独立人格不被尊重的孩子，怎么可能会有真正的自信呢？

自尊是自信的基础，一个人首先拥有自尊，然后才能建立起自信。一个人的自尊最初来自外界对他的尊重，而孩子来到世界，最初的自尊就来自父母给予他的尊重。

父母要想孩子拥有自信，就要首先学会尊重他，这样孩子才能感受到自己是个拥有独立人格的人，从而产生价值感和自我认同感。一个从小不被尊重的孩子，他不但没有自信，长大以后也学不会尊重别人，因为没有人给他如此示范过。

相信很多家长都和亮亮妈妈一样，是爱孩子的，却不懂得如何去尊重孩子。有的时候一生气，就肆意批评孩子；一劳累，就随意敷衍孩子。明明是出于关心，却忽略了孩子的感受，这都是源于家长没有从心里认同孩子的独立人格。在生活中，想要真正地尊重孩子，其实标准很简单，把他看成独立的个体，当成"小大人"去对待，对大人不会做的事情，也不要对孩子做，给大人的尊重，同样给予孩子。具体来说，家长应该怎么做呢？

1. 用平等的态度对待孩子

家长与孩子说话时，要真诚地注视孩子，专心聆听，不要随便打断孩子的话，不能心不在焉。

孩子提出需求的时候，家长不论多忙都不要敷衍孩子，更不要欺骗孩子。大人讨论事情，如果孩子想参与，家长即使觉得不方便，也不要粗暴地驳回，而要温和地解释。

2. 尊重孩子的隐私

家长不要偷看孩子的日记，也不要随意处置孩子的物品。大人可能会觉得这些不重要，觉得孩子没有什么秘密，但这对孩子来说都是很重要的东西。

3. 尊重孩子的名誉

家长切忌当众批评孩子，这会让孩子觉得尴尬、难过，名誉受损。即使是单独批评教育，家长也要先问清事实，不可不分青红皂白地斥责、数落孩子。

表扬才能培养出自信的孩子

问题13 你昨天表扬了孩子几次,批评了孩子几次?

大量心理学研究表明,名校的学生中更容易出现"缺点焦虑"。

一个20岁的女孩这样描述自己:"我的英语成绩不好,听力特别差,去年考托福,我差一点就决定放弃了。我的学习效率很低,经常要花费比别的同学多一倍的时间才能完成同样的事,我觉得自己很笨。还有,我觉得自己超级没有主见,真羡慕那些一呼百应的同学。"

听她这么说,几乎要让人认为她是一个常常挂科的差生了,但事实上呢?她的托福考了108分(满分120分),刚刚作为交换生到美国斯坦福大学学习了半年。她的成绩在学校里排名前十,而且她从小到大一直都是班长。

另外，她觉得自己很胖，为此进行节食，直到出现营养不良的情况。她知道这样不好，但是不敢停下来，她说："我心里好像有个声音在压榨自己的身体，每当多吃一点，我就有负罪感，因为觉得我对减肥这件事没有尽力。学习上也是一样，我压榨自己的时间，一旦空闲下来，我就觉得自己没有尽力，觉得对不起父母。"

女孩表示，父母从小对她要求很严格，自己无论怎么努力，好像都无法得到他们的赞许。现在父母发现她过于焦虑，常常劝她"可以了，你已经很棒了，幸福快乐就好"，但是她发现自己已经"刹不住车了"，她觉得"自己已经有这么多缺点，如果不努力，一定会变得更平庸"。

一个在外人眼里如此优秀的女孩，心理上竟然有这么强烈的自卑感、挫败感，令人觉得不可思议，同时又深感惋惜。而这，跟她童年接受的"严格""少赞许"的教育有密切关系。

孩子在童年时期由于尚未建立起完整的自我意识，所以只能通过他人的评价来做出自我评价，所以父母对他们的评价就显得尤为重要。

如果孩子无法从父母那里获得正面评价，反而经常被父母指出缺点，并和其他人做比较，孩子就会做出较低的自我评价，过分关注自己的缺点，觉得自己不如别人，产生自卑、怯懦的心理。

因此，父母想要培养自信而快乐的孩子，首先就要从表扬孩子的优点，尽量少批评孩子的缺点开始。有艺术家说："世界上从来就不缺少美，只是缺少发现美的眼睛。"表扬孩子的优点，又何尝不是一门发现美的艺术?

日本临床心理专家奥田健次在教育上始终秉持"多表扬、不批评"的做法,他反复提醒家长,一定要多多表扬孩子,这样才能不断增强孩子的自信心,而培养自信心比纠正错误更重要。他一定是表扬艺术的专家,因为他自信地表示:"如果我是40名小学生的班主任,不论哪个年级,我都能在一天之内用40种不同的方式来表扬这些小朋友。"所以,只要家长努力地想要表扬孩子,就一定能找到孩子身上的优点。同时,要想让表扬真正地起到增强孩子自信的作用,家长需要注意一些技巧。

表扬通常分为以下3种类型:

1. 个人趋向型

该类型表扬强调孩子的个人能力,对其做出整体性判断,如:"宝贝真聪明!""你很棒!"

2. 过程趋向型

该类型表扬强调孩子在进行某项任务时的努力,对努力程度或方法给出正面评价,如:"你今天写作业很认真,不错!""这件事你做得很好,因为开动了脑筋!"

3. 结果趋向型

该类型表扬强调孩子做事的结果,对所取得的成绩给出反馈和评价,如:"全部答对了,很好!""考了第三名,不错!"

分别接受以上3种类型表扬的孩子，其表现也会不一样。被表扬个人能力的孩子在有把握的事面前容易骄傲、自负，面对挑战则信心不足，轻易放弃；被表扬过程的孩子则充满自信，且有意志力，愿意接受挑战，胜不骄败不馁；被表扬结果的孩子明显信心不足，难以接受失败的结果。

可见，过程趋向型表扬更利于培养和增强孩子的自信心。另外，表扬还应满足以下几个条件：

1. 发自内心

孩子虽然小，但是已经懂得分辨真假，透过你的表情、语气，他能判断出你是不是发自内心地赞赏他。

2. 真实可信

切忌为了让孩子高兴，而提出一些与事实严重不符的表扬，对孩子做出不可信的过高的评价。一旦孩子从外界评价中感到了落差，心理落差反而会让他感到自卑。

3. 及时、具体

对孩子的表扬一定要及时、具体，对年龄尚小的孩子更是如此，不然他们会忘了被表扬的理由，或者错过了最需要表扬的时机，并因此而感到失落。这就要求家长在生活中细心观察，发现了孩子的优点，就及时给予表扬。

只有"最会表扬的父母",才能培养出"最有自信的小孩"。家长们,都加油吧!

鼓励孩子多做自我评价

问题14 孩子班上换了新老师，新老师好像没以前的老师那么喜欢他，
你会怎么安慰他？

　　只靠表扬就能树立起孩子的自信吗？假设是这样，那么当孩子常常接受表扬时，他就会充满自信；当孩子突然连续遭到批评时，他的自信就会摇摆不定，甚至轰然倒塌。这样下去，孩子为了获得自信，可能会变成"讨好者"或"总是寻求他人的认可"，通过观察别人的反应来判断自己行为的对错，并获得自我价值感，而不是学会自我评价与内省。这样培养出来的是"他信"，而不是"自信"。所以，要想孩子拥有真正的自信，就要首先让孩子完成从"依赖他人评价"到"凭借自我评价"的转变。

　　下面来看莎莎是如何完成这种转变的。

自从换了语文老师，莎莎的语文成绩明显下滑。晚饭后，妈妈到她的房间里，发现她趴在桌上，显得很沮丧。原来是她考试考砸了。

莎莎说："妈妈，您说怎么办，我感觉我学不好语文了。"

妈妈说："为什么呢？妈妈记得你以前语文学得不错啊，你还是课代表对不对？"说着翻看了她的试卷，发现她作文只拿了及格分，这可能就是拉低分数的原因。

莎莎说："以前还可以，可能是因为张老师比较喜欢我，总是特意给我的作文打高分。现在的宋老师从来没在班上念过我的作文，我一定是写得不好。我觉得现在学语文好吃力，我怕下一次还是考不好。"

发现妈妈正在看自己的作文，莎莎问："妈妈，我是不是写得不好？"

妈妈说："不会啊，我觉得有的地方好，有的地方不好。你自己觉得呢？"

莎莎说："我也不知道。"

妈妈笑了笑，说："你平时不是喜欢看妈妈给你买的作文书吗？来，我们试着给里面的作文打打分。"然后妈妈把作文书拿过来，让莎莎挑选一篇。

妈妈指导着莎莎，一句一句地圈出写得好或不好的地方，并做了细致的分析，留了评语。

妈妈又让莎莎对自己的作文重新打打分，莎莎点点头，像个小老师一样认真地批改起来。批议结束后，她对妈妈说："妈妈，我觉得我的作文很有想象力，题材新颖，但是结构有点乱，写到后面好像跑题了。"

妈妈点点头，说："莎莎真棒，都会自己批改作文了！"

莎莎露出了甜甜的笑容，说："嗯，我下次肯定能写得更好一点！"

我们看到，莎莎之前把自信建立在老师的评价上，老师打高分，她就觉得自己写得好，老师打低分，她就觉得自己写得不好，但是具体怎么好、怎么不好，她也不知道。这种自信不稳定，并且很模糊。她学会做自我评价以后，就会将自信建立在自己的分析上，分析得越准确、越全面，这份自信就越稳定、越清晰、越强大。

莎莎妈妈做得很好，她在帮助莎莎做自我评价的过程中起到了引导作用。家长们在引导孩子完成自我评价的时候，要注意以下几点：

1. 抓住时机

生活中家长要抓住时机，鼓励孩子进行自我评价，特别是在发现孩子出现骄傲自满或低落沮丧的情绪的时候。

2. 评价要全面

只有全面发现自己的优点和缺点，孩子才能认识和了解真实的自我，而了解真实的自我，是孩子悦纳自己的第一步。当孩子对自己做出过高或过低的评价时，家长都要积极地帮其做出调整。

3. 做出榜样

家长要多在孩子面前进行自我评价，不要怕暴露缺点而失去权威，这样才能给孩子做出好的榜样，让孩子自然而然地养成自我评价的习惯。

教孩子悦纳自己的不完美

问题15 孩子到了爱美的年纪,非常介意自己手上的伤疤,家长该怎么帮助他?

一名小学六年级的女生,由于6岁时贪玩不小心被烫伤,手臂上留下了明显的疤痕。就因为这件事,她从小到大都很自卑,再热的天气也不敢穿短袖,怕同学们看到她的疤痕会取笑她,或者觉得她很可怜。

她总是羡慕那些皮肤很好的女孩子,在美丽的年纪里可以穿各种各样的花裙子。由于自卑,她在班上说话比较少,因此很难交到朋友。

透过上面的故事,我们仿佛看到了一个畏缩在自己小小世界里的女孩,而她所有自卑的来源,竟只是手臂上的一道疤痕。这一个小小的"缺点",在她的心理暗示下被放大了无数倍,这都是"焦点效应"在作祟。

心理学上的"焦点效应"，又叫"聚光灯效应"，指的是我们往往会过高地估计别人对我们的某个特征或言行的关注程度。

为了验证此效应，心理学家基洛维奇做了一个有趣的实验：实验人员让美国康奈尔大学的一位学生穿上一件令人尴尬的怪异T恤，然后测试他受到关注的程度。该学生预先估计，当他走进教室的时候，会有超过一半的同学注意到他的衣服。然而事实上，经过后续调查，只有23%的同学注意到了这一点。

实验告诉我们，没有人会像我们自己这样关注自己。我们为自己的某个缺点或不当言行感到深深担忧，害怕引起别人的讨厌或嘲笑，恰恰是源于自己内心深处对自我的不接纳。

再看上面的例子，爱美的女生讨厌自己身上的疤痕，她的做法是穿上长袖，把疤痕掩盖起来。然而越是在外表上掩盖，越是加深了她心里的在意。她的人际关系一般，不是因为那道疤痕，而是因为她的不自信。还有什么比自信开朗的笑容更能让孩子看上去可爱迷人，想让人亲近呢？

开学了，老师让同学们做一下自我介绍，互相认识一下。班上有个女生的介绍很有特点，她的牙齿很不整齐，又大又突出。对此，她说："大家好，以前我特别讨厌自己的牙齿，觉得它们长得好丑，特别羡慕别人洁白整齐的牙齿。后来妈妈跟我说，女孩子是由于能带给别人快乐而可爱，因为可爱而美丽，所以我慢慢就不讨厌自己的牙齿了，看久了觉得也挺可爱的,特别是笑起来的时候,有点像小兔子,对不对?希望能和大家做朋友!"同学们都对她有很深的印象,特别是她灿烂的笑容,真的很迷人。

感谢这个女生有位好妈妈,她在孩子刚刚产生自卑情绪的时候,及时地教给她正确的价值观,告诉她什么是更重要的。

随着年龄的增长,孩子的自我评价逐渐清晰,但是这种自我评价很容易受到主观情绪的影响,导致孩子抓住缺点不放,在心理上不认可自己,产生强烈的自卑和挫败感,这种现象非常普遍。比如,女生觉得自己长相一般,男生觉得自己个子矮小,还有的自卑心理来自家庭贫穷,或自己性格内向不善表达。这种心理如果得不到及时的疏导,就会严重影响孩子的身心健康发展,不利于孩子的个人成长。所以,家长一旦发现孩子产生了类似的自卑心理,就要加以重视,耐心引导孩子建立以下观念,帮助孩子重获自信和快乐。

1. 没有人是完美的

家长可以通过讲故事的方式,给孩子讲一些不完美却非常讨人喜欢或取得重大成就的人物形象,让他懂得世界上是没有绝对完美的。

2. 优点或缺点都是自己的特点

家长应告诉孩子,每个人来到世界上,都是带着独一无二的特质,不论优点还是缺点,都是自己身上的"特别之处",对自己应该抱有"无条件的爱和欣赏"，就像父母对他一样。对缺点最好的态度是直面它，坦然承认并接受它，避而不谈、遮遮掩掩或刻意美化都是错误的做法。

3. 比起外在的东西，内在的价值才是最美的

错误的价值观会带偏孩子的关注点，所以帮孩子树立正确的价值观是家长迫在眉睫的任务，不要因为孩子小就把这门课耽误了。家长一定要教育孩子，比起漂亮的外貌，笑容更迷人；比起财富，家人的爱更宝贵；比起擅长表达的人，和善温暖的人更能获得长久的友谊。

鼓励"廉价的成功",只会更伤害孩子的自信

问题16 孩子在短跑比赛中的结果不理想,他为此失去信心,你会怎么安慰他?

随着"赏识教育"的大力推行,我们很高兴地看到越来越多的家长开始懂得保护孩子的自尊心,培养孩子的自信心。他们温柔体贴、善解人意,他们非常关心孩子的感受,就像悠悠的爸爸一样。

悠悠是小学四年级的学生,他的肢体协调能力很差。每周五的体育课,对自尊心强的悠悠来说,简直是一种有规律的羞辱。

上周的体育课上,老师带领大家玩躲球游戏,大部分同学都能轻松地躲过,只有悠悠,不是被打中头,就是被砸到屁股。这天爸爸提前下班,所以早点过来接他,恰好在球场外面看到了整个过程。

下课后，爸爸看到悠悠难过的表情，就赶紧安慰他："我觉得你表现得很好啊，儿子。"

悠悠噘着嘴说："这还好啊？我很差啊，同学们都笑我头脑发达、四肢简单，我就是个书呆子。"

爸爸继续说："你不该这么想，你看你跑得很快，也成功地躲过了2次啊！"

悠悠生气地说："我才躲过了2次，可是躲过5次才算及格。爸爸，连您也觉得我只能达到这个程度！"

爸爸赶忙否定说："不不，你在爸爸妈妈眼里一直都是最棒的！"

悠悠也知道爸爸是在安慰他，但他实在高兴不起来，只好说："好吧，您说得对，我做得很好，我们回家吧，不说这个了。"

爸爸的出发点很好，他想缓解悠悠的不开心，希望用自己的肯定让悠悠重新建立起自信，但是他的鼓励起到了反作用，让悠悠气馁，同时降低了自信。爸爸的错误在于，在悠悠还没有取得"表现满意"的情况下，就想让他收获"感觉满意"。

一直以来，心理学领域认为，自信必须来自"感觉满意"和"表现满意"两部分，缺一不可。没有任何有效的方法，能够抛开"表现满意"的部分，直接教给孩子"感觉满意"的方法。虽然拥有自信心令人感到愉快，但是不先获得现实的成功，而企图直接得到自信，是本末倒置的错误想法。

很多"温柔"的父母都犯过这样的错误，想通过降低期望值，鼓励

"廉价的成功",以此来避免伤害孩子的自尊和自信。比如:因为孩子学习成绩退步,家长就把给他制定的目标定得更低;孩子在比赛中表现不佳,家长就拿比他表现更差的选手做比较来鼓励他;孩子明明想表达对自己的不满意,家长却一再否定,并说他已经尽力了……大人这些刻意安抚孩子失落心情的做法,其实是忽略了孩子的认知能力以及对成功表现的期望,尤其是年龄更大的孩子,他们没那么容易上当,相反,这只会使他们产生"父母对我仅仅抱有低的期望""我的能力仅限于此"的消极想法,从而自信心更加受到伤害。所以,家长们要做的不是鼓励"廉价的成功",而是表达对孩子一如既往的信任和期望。更重要的是,要发掘孩子的潜能,教给他们获得成功的正确方法。

因材施教，发掘孩子的独特潜能

问题17 你的孩子属于哪种气质类型？

幼儿园里，老师正带领着同学们玩旋转陀螺的游戏：把一根皮条插入陀螺的机芯中，再往外一抽，陀螺就会飞快地旋转起来，有时候还冒出火花。

小朋友们正玩得起劲的时候，4岁的明明小声地问老师："老师，您知道自行车的轮子是怎么转起来的吗？"明明平时比较内向，在班上都不太发言，看他主动发问，老师笑着说："老师不知道呀，明明知道吗？"明明点点头，说："自行车有两个轮子，由一根皮带连起来，机轮一动，大轮子就带着小轮子一起转。"老师非常惊讶，一个这么小的孩子竟然懂得这个原理。小朋友们也都很佩服明明，纷纷鼓起掌来。

原来,明明的爸爸发现孩子从小是个"研究宝宝",尤其喜欢车类的玩具,总是自己拆了又装,装了又拆,所以爸爸常常跟他讲一些科学小原理,还让他帮忙一起修车呢。

从这以后,班上的小朋友有什么不懂的都喜欢凑过来问明明,老师也总是请他上台讲讲科学小故事。明明比以前自信多了,脸上的笑容也越来越多。

明明本来性格内向、不爱发言,不是特别有自信,在爸爸的细心观察和特别引导下,他发挥出了自己"科学研究"方面的潜能,因此获得了大家的关注和称赞,变得自信多了。了解到自己独特的潜能,以及在某方面有出色的表现,都会让孩子更有自信。

想要发现孩子的独特潜能,首先就要了解他的性格、兴趣、能力等特点。家长们很容易有个误区,就是觉得孩子外向的性格好,内向的性格不好,因此大量家长都在问"孩子怎么由内向变外向?"其实性格没有好坏之分,它是由孩子先天的气质类型决定的。

由于受血型和环境的影响,每个孩子都会有自己特定的气质。孩子从刚出生开始就会表现出气质上的差异,到两岁左右即形成气质类型的轮廓。随着年龄的增长,气质类型的表现会越发明显。气质教育的核心观点是,家长应根据孩子天生的气质类型决定对他的教养方式。下面,就请家长根据孩子日常的行为表现,看看孩子属于哪种气质类型,以及你该怎么帮助孩子发挥优势和潜能吧。

在心理学上,一般把孩子的气质分为以下四种类型:

1. 多血质——天生演讲家

多血质孩子活泼好动、反应快，喜欢尝试和冒险，但是安全意识较差，对人充满热情，喜欢把家里的事同小朋友分享。他们的优点是天性好奇，灵活性强，善于交际，适应环境快；缺点是耐心较差，稳定性稍弱，做事浮躁。

多血质

家长培养建议：多血质孩子的优势在于表达和表现，他们有成为演讲家、演员、教师、培训师等的潜能。家长可以培养孩子的才艺，鼓励他参加一些表演活动。注意，多血质孩子特别喜欢听到赞美。

2. 黏液质——天生实干家

黏液质的孩子温顺、被动，表现安静，常沉浸在自己的精神世界里，不受环境的影响，做事常按部就班。他们容易满足，没有太多要求。他们的优点是讲道理，遇事考虑周全，注意力稳定，善于忍耐和克制；缺点是不太关心他人，缺乏

黏液质

主见，常常压抑自己的感受。

家长培养建议：黏液质孩子的优势在于规划和组织，他们有成为政治家、管理人员或行政人员等的潜能。家长可以让孩子规划一些家庭的活动，比如，让他来规划全家旅游路线，准备购物清单。注意，对黏液质孩子需要多配合，帮助他完成自我实现。

3. 胆汁质——天生外交家

胆汁质的孩子精力旺盛、充满热情，不善于自我控制，容易惹事。他们独立性强，不太习惯接受帮助。他们的优点是有主见、积极主动、热情直爽、乐于助人、重视感情；缺点是急躁、大意、易激动，自控能力差。

胆汁质

家长培养建议：胆汁质孩子的优势在于沟通和外交，他们有成为外交家、谈判专家、商人、销售人员等的潜能。家长可以多给他创造与人沟通交流的机会，比如，在家里组织聚会，或带他出去旅游，让他帮爸爸妈妈照顾客人或出面交涉一些事情。注意，胆汁质孩子最讨厌不平等交流，家长应以朋友的身份跟他相处。

4. 抑郁质——天生思想家

抑郁质的孩子胆小、话少、声音也小，不善与人交往。他们受到表扬或批评时都不会有大的情绪波动，在学校里存在感低，回家却能把所学的知识都讲出来。他们的优点是守秩序、专注，善于观察细小的变化，有同理心，想象力丰富；缺点是胆小、沉闷，不善交际，敏感、不自信等。

抑郁质

家长培养建议：抑郁质孩子的优势在于思考和创作，他们有成为艺术家、哲学家、作家等的潜能。家长可以多给他挑选优质的、有知识含量的书籍，比如科普读物。还可以带他看画展、艺术表演，从小培养他的文艺细胞。注意，抑郁质孩子缺乏安全感，家长要多关心、陪伴他。

第四章
打倒情绪"小怪兽"，教孩子做自己的情绪管理教练

负面情绪，是孩子成长路上的一个个"地雷"。孩子如果不能很好地管理自己的情绪，就容易被它所伤，也容易伤到他人。

营造好的环境，不留"情绪地雷"

问题18 · 你有"情绪地雷"吗?

又到幼儿园午饭的时间了，米粒本来和小朋友们玩游戏玩得很开心，一看见老师开始分饭菜，就怯生生地往后躲，嘴里嘟囔着："不要，不要……"

老师以为是孩子挑食，就给她装了一碗菜端过来，介绍说："看，今天有好多好吃的，有胡萝卜，有肉丸子，还有土豆丝和青菜……"

米粒把碗推开，往另一位老师怀里躲。

负责分发饭菜的老师说："小朋友们快点吃哦，吃完了睡个午觉……"

这时，米粒却突然大哭起来，老师们劝了好久，她才止住哭泣。

米粒自从上幼儿园以来，其他方面都挺乖的，就是不愿意吃饭，与其说是不愿意，不如说是害怕吃饭。后来，老师们才了解到，原来米粒的妈妈和外婆在家一起带她，两个大人都是急性子，每次吃饭的时候，只要看到米粒边吃边玩，就很严厉地训斥她，催促她吃快点，要是她还不听，妈妈就拿衣架打她的手。时间长了，米粒就特别害怕吃饭，简直到了"闻饭色变"的地步。

由于妈妈和外婆给米粒带来了可怕的吃饭经历，所以米粒后来只要碰到吃饭的场合就异常紧张，吃饭这件事成了米粒的"情绪地雷"。

随着年龄的增长，每一个相似的情境，都会促使人的情绪产生相似的变化，这种固定的情绪反应模式，在心理学上被称为"情绪地雷"。

那么，是什么因素导致儿童的"情绪地雷"的形成？是环境。孩子在婴幼儿时期的认知能力发展受环境影响很深，他们的观察力、注意力、记忆力都是在潜意识的作用下得以发展的。环境中的不良印象，都会成为记忆中不好的"相似的情境"，触发孩子的"情绪地雷"。

想要排除孩子幼小心灵里的"情绪地雷"，家长就必须注意为其塑造良好的家庭氛围，具体可以从以下几个方面去做：

1. 尊重、关爱孩子的感受

在民主的家庭中，家长会尊重孩子的人格，充分关注孩子的感受，对孩子不过分严厉，不冷漠忽视，这会让孩子产生安全感，从而拥有更稳定的情绪。

2．家庭成员的情绪要积极、稳定

如果父母都是性格暴躁、做事冲动的人，孩子很难成为冷静的人。要想让孩子学会控制情绪，家长首先自己要学会控制，在家里多展现积极的情绪。

3．家庭成员的关系要和谐

通常，在父母双方互相尊重、互敬互爱的家庭中，孩子的情绪会比较稳定，他也能充分感受和照顾别人的情绪。如果父母平时总是争吵、冷战，这个画面停留在孩子的记忆里，就会成为他的"情绪地雷"。在这种情况下，孩子的情绪模式可能会两极分化：要么特别懦弱，总是压抑自己的情绪，不敢发泄出来；要么就非常暴躁，发泄情绪的时候不管不顾。

教孩子识别和表达情绪

问题19——**人有哪几种基本情绪?**

孩子每当出现负面情绪的时候,总是没法控制自己,比如,愤怒的时候就打人、咬人,伤心的时候就哭闹很久。怎样让孩子学会管理自己的情绪呢?第一步,就是教孩子学会认识自己的情绪。

虽然说情绪是自然的心理体验,但人不是天然就能准确分辨自己的情绪的,尤其是孩子。事实情况是,绝大多数的孩子在出现负面情绪的时候,都说不清自己的感受,他们往往只会反复说"不开心""不高兴",好像在他们的世界里,只有"开心""高兴"这两个词可以形容情绪。

心理学专家说,一个人要想管理好情绪,最重要的不是控制,而是觉察和命名。管理负面情绪,努力的关键不在于不让其爆发,而是在一开始就能觉察到情绪,并知道它是什么。一旦你注意到它,它就不会无限地累积到能控制你的地步。

儿童管理情绪的第一步，就是识别自己的各种情绪。他能够识别的情绪越多，就越能清晰地表达自己的感受，而及时、准确地表达自己的情绪感受，是管理情绪的开端。他能够准确地表达，才能与他人沟通，才能为管理不良情绪寻找办法。很多时候，把情绪表达出来后，问题就已经解决了。

我们可以先从快乐、愤怒、悲哀、惊讶、害怕和厌恶这六种最基本的情绪开始，教孩子认识和表达情绪。具体怎么教呢？

1. 帮孩子积累情绪词汇

家长要做孩子的情绪导师，在日常生活中教孩子一些情绪词汇，让孩子懂得如何去表达自己的感受，比如"你看上去很高兴""你看上去很生气""你感到伤心"，这叫表达概念或情景配对。

2. 告诉孩子一些情绪带来的身体反应，并教孩子学会识别他人的感受

家长可以让孩子了解人在产生某种情绪的时候，身体会做出怎样的反应。比如，人在害羞的时候会脸红，在高兴的时候会眉开眼笑，在愤怒的时候会咬牙切齿，在悲伤的时候会大哭不止，等等。

另外，家长还可以在生活中教孩子通过观察他人的表情或身体语言，来识别他人的情绪感受。

3. 通过可视化材料跟孩子分享别人的情绪感受

孩子喜欢听故事，家长可以在陪孩子读绘本、看视频的时候，跟孩子

讨论别人正在经历的情绪感受，比如，"电视里的小朋友好像走丢了，他一定很害怕""小熊刚得到一罐蜂蜜，你看它多高兴啊"，等等。

在生活中，家长要多给孩子制造表达感受的机会，让孩子在实践中懂得如何表达情绪。

4. 在生活的具体情境中教孩子如何表达情绪

当然，家长在生活中多示范，是教孩子表达情绪的最好方法。注意，在表达情绪的时候，尽量把情绪变化的过程表现出来，就像下面这位聪明的爸爸一样。

成成平时放学都是6点之前就到家了。这天，放学后，他在学校和同学一起踢球，玩得忘记了时间，到家天都已经黑了。

爸爸没有严厉地批评他，只是认真地说："你这么晚才回家，也没告诉我们一声。爸爸不知道你做什么去了，非常担心，正准备出去找你。现在看到你平安回来了，我才放心了。以后如果想在学校玩得晚一点，一定要提前告诉我们，别让爸爸妈妈担心，知道了吗？"

成成听完爸爸的话，不好意思地挠挠头，说："对不起，爸爸，我知道了。"

爸爸摸摸他的头，说："好吧，儿子，那你今天玩得高兴吗？"

成成笑着说："嗯，高兴！"

用"共情"接纳孩子的负面情绪

问题20 孩子不肯离开游乐场，又哭又闹，你会怎么做？

关于"家长应该如何对待孩子的负面情绪"这一问题，心理治疗大师萨提亚做过大量的观察研究，她发现，孩子闹情绪的时候，多数家长没有足够的耐心。

回想我们的生活中，在孩子闹情绪，比如哭闹的时候，家长们是怎么做的呢？

第一位是"温柔满足型"家长："宝贝，别哭了，妈妈给你买喜欢的玩具好不好？"

第二位是"严厉制止型"家长："哭什么哭，这么点小事就知道哭，再哭妈妈要打人啦！"

第三位是"冷漠等待型"家长："哭吧哭吧，想哭就让你哭个够，你什么时候哭完，我们什么时候走！"

看看这三种做法对孩子的情绪管理能力造成的影响。

第一位家长采用分散注意力的方法，希望孩子的负面情绪快点过去。也许这种方法能起到一定的效果，特别是对于年龄较小的孩子，但对于孩子的情绪管理来说，却是错误的暗示，这会让孩子觉得自己通过哭闹就能达到目的，所以以后没能力对自己的负面情绪进行调控。

第二位家长强行压制孩子的负面情绪，这会让孩子觉得产生负面情绪是不好的事情，是丢脸或让人生气的事情，导致孩子在以后也会刻意压抑自己的情绪。

第三位家长则放任孩子发泄自己的负面情绪，甚至采取冷眼旁观的态度，对其不加以引导、限制，孩子一方面感受到情感上的冷漠，另一方面也学不会自我情绪管理。他以后如果产生了负面情绪，就会习惯于独自发泄，不与人沟通，并且不会去主动关心、理解他人。

对于孩子的负面情绪，这些家长的认识显然还不够。事实上，情绪本身只是一种自然的心理感受，它没有好坏之分，家长不应该刻意回避或为此生气。

在孩子产生负面情绪的时候，家长首先要做的不是压制、回避，而是无条件地接纳，并给予孩子安全感。

怎样让孩子感受到他的情绪被接纳呢？与孩子"共情"，是最好的做法。共情，是指站在他人的角度，设身处地地对他人的情绪和情感进行充分感知和理解。

让我们来看看下面这位有耐心的妈妈是怎么使用共情的方法，接纳孩子的情绪的。

周末，妈妈带着敏敏去游乐场玩，敏敏玩得特别高兴。可是要离开的时候，敏敏大哭大闹不肯走。

妈妈抱着她，温柔地安慰说："你是不是舍不得，想要多玩一会儿？"

敏敏一边哭，一边说："嗯，妈妈，我还想玩。"

妈妈说："是啊，刚才妈妈看你玩得很高兴，你很喜欢这里，所以要走了，你才会觉得这么伤心，对吗？"

敏敏哭声小了一点，说："嗯，我喜欢这里。"

"妈妈知道你舍不得，可是你看时间到了，游乐场要关门了。这样吧，妈妈陪你去跟你最喜欢的碰碰车道个别，跟它说你舍不得它，下次再来看它，好吗？"

敏敏终于不哭了，她拉着妈妈的手，点点头说："好。"

妈妈没有批评敏敏的哭闹，而是首先表示接受和理解敏敏的感受，之后再进行引导。当家长真正设身处地地去理解孩子的负面情绪时，就能体会到，孩子哭闹的过程其实是疏解负面情绪的过程，这不是坏事。家长在这时应该轻轻地拥抱他，告诉他："妈妈知道刚才这件事让你很生气（难过、愤怒），妈妈理解你。"同时，最重要的是，家长要向孩子表达对他的爱，让他的情感需求得到满足，获得安全感。

引导孩子合理地发泄情绪

问题21 孩子的心爱的宠物狗死了，你会怎么安慰他？

东东的小狗皮皮生病死了，东东为此特别难过，把自己关在房间里，晚饭也不吃，这可把爸爸心疼坏了。爸爸走到东东的房间里，对东东说："儿子，爸爸给你再买一只小狗好吗？"

东东说："不要，再买的也不是皮皮！"

爸爸说："爸爸保证找一只跟皮皮一模一样的好不好？咱们还管它叫皮皮。"

东东把爸爸推到门外，生气地喊："我不要新的小狗，我以后再也不养小狗了！"

这时候，妈妈下班回来了，听爸爸说了事情的经过后，赶紧过去安慰东东。

妈妈摸着东东的头，温柔地说："唉，皮皮走了，妈妈也很难过，妈妈知道你舍不得它，它是你的小伙伴，对吗？"

东东拼命地点头："嗯嗯，我好想皮皮……"说着说着，眼圈就红了。

妈妈把东东抱在怀里，说："你要是觉得难过的话就哭出来吧。"

听了妈妈的话，东东忍不住哭了出来，他一边哭，妈妈则一边陪他聊以前的事情，东东哭累了就睡着了。

醒过来后，东东的心情好了一些，妈妈对他说："我们为皮皮做点什么好不好？"

东东疑惑地看着妈妈。

妈妈拿来画纸和颜料，说："皮皮长得那么可爱，我们给它画张像好吗？你是它的小主人，你一定画得最好。"

东东露出了笑容，说："好啊，那皮皮就可以一直陪着我了！"

面对东东的悲伤，爸爸试着尽快让他高兴起来，却让东东感到生气，他认为爸爸的建议是让他背叛皮皮，而妈妈是怎么做的呢？妈妈先是让东东想哭就哭出来，之后又让他帮皮皮画像，通过这两种方式，引导东东将内心的悲伤情绪发泄了出来，东东也感觉轻松多了。妈妈的做法很对，孩子的负面情绪必须合理地发泄出来。

孩子有负面情绪之后，如果不能合理对待，通常有两种表现：要么压抑克制，导致成长受到干扰，身心受到伤害；要么随意发泄，伤害到身边的人，影响人际关系。

过度压抑情绪，会让孩子由于情绪郁结而出现忧郁、焦虑、暴力倾向等症状，使其身心健康严重受损。很多孩子随意发泄情绪的时候，已经是他失去控制的时候，这就是为什么平时特别懂事的孩子在生病的时候表现得特别情绪化。这种情绪一旦发泄出来，也很难控制，所以有时候大人会觉得孩子很难安抚。家长要特别留意孩子的神情举止，经常关心孩子的情绪变化，比如问孩子："今天有高兴的事情发生吗？""怎么看上去有点不开心？"如果孩子不想说，我们也不要强迫他，但是一定要让孩子明白，有负面情绪特别正常，并教给他合适的宣泄不良情绪的方法，比如以下这几种：

1. 说出来

这是最直接也是最常用的方式。如果孩子有负面情绪，就让他找人倾诉，把自己的感受通通表达出来。当然，这里的"说"也要讲究方法。首先，家长要给孩子创造安全的环境。其次，家长要帮他找到让他感到安全的人，这个人要尊重孩子的意愿，可以是父母，也可以是他最信赖的小伙伴。

2. 写出来

有些孩子不善言辞，但是这不影响他发泄情绪，家长可以让他试着写出来。人在书写的时候，不光可以记录心情、感受，也可以跳出事件，站在旁观者的角度，冷静地审视自己当时的情绪，也许他会有新的感受。所以，家长可以鼓励孩子多写日记，以此记录心情。

3. 画出来

每个孩子都是天生的小画家，他们小时候，只要拿到颜料就会乱涂乱画，到处留下快乐的印记。当孩子产生负面情绪的时候，家长可以试着让他用画作表达自己的感受，在随意涂鸦的过程中慢慢调整心情。

4. 动起来

有的孩子天生好动，他内在的情绪只有通过"活动"才能宣泄出来，比如，有的孩子搞破坏、跟人打架，那可能就是在发泄自己的情绪。家长可以为他提供别的"动起来"的方式，比如体育运动，家长可以带他去跑步、爬山、打球，让不快在活动中一扫而光。

5. 唱出来

有的孩子天生爱说，小小年纪却学会了用骂人的方式来表达不满，这是因为他习惯用释放"声能"来发泄情绪。家长也可以为他提供别的发声方式，比如唱歌就是很好的选择。家长可以教孩子唱歌，让他在心情不好的时候，找个安静的地方大声唱出来。

教孩子使用理性大脑

问题22 为什么孩子在生气的时候常常让人觉得不讲道理？

孩子为什么动不动就哭闹呢？因为他的大脑还没有发育好。成年人在遇到不开心的事情时，懂得用理智去调节；孩子不一样，他大脑中的理智发育得慢，而情绪发育得快，孩子很小的时候就拥有喜怒哀乐等各种情绪了。

美国心理生物学家斯佩里博士证实了大脑的左右脑分工理论：左脑掌控逻辑、语言等，被称为"学术脑"；右脑掌控情绪和直觉等，被称为"艺术脑"。

孩子在童年时期，主要是右脑占据主导地位，年龄越小越如此。因此，孩子较难通过左脑的理性分析来有效地管控情绪，也就更容易出现情绪的问题，这就需要家长及时给予引导和帮助。

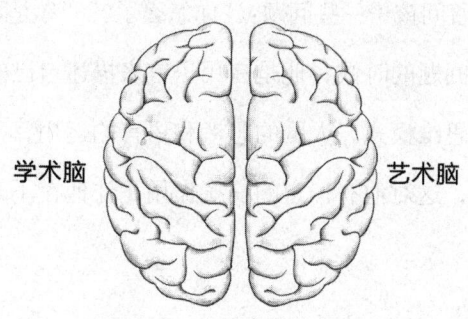

学术脑　　　　　　　　　艺术脑

那么，家长要怎么帮助孩子使其大脑中的理智尽快发育呢？很多家长以为要大量训练孩子的记忆力、认知能力、逻辑推理能力，其实不是这样的。理智的发育，同样需要情绪的支持。

情绪疏导最有效的方法是先稳定情绪，等情绪稳定后再分析处理问题。因为当孩子开启右脑模式的时候，他的左脑模式就闭合了，所以家长常常会有孩子在闹情绪的时候完全不讲道理的感觉。

情绪的疏导，需要家长多跟孩子分享经历的事情，或者多丰富孩子的生活体验，让孩子理解自己和他人的行为，逐步改善自我行为，进而重塑大脑结构，开启左右脑协同合作的模式，有效增进自己的积极情绪体验。

具体应该怎么做呢？家长可以分以下三步，让理智层层渗透进孩子的情绪里。我们就拿孩子生气这个情境来进行分析。

1. 引导孩子描述情绪

家长可以试着问孩子一些问题："你怎么了？""你是不是生气了？"在孩子回答这些问题的时候，他是在用语言来描述自己的情绪。这时候大脑已经开启了思维模式，大脑的思考和语言的运用，都在帮孩子逐渐了解自己的情绪，这对他有一定的安抚作用，让他在不知不觉中稍微平静一些。

2. 引导孩子分析情绪

当孩子了解到自己正在生气时，家长可以接着问："你为什么生气?""你怎样才能不生气？"这是在引导孩子思考情绪的来源，以及怎样才能消除掉不好的情绪感受。在这个过程中，家长的态度一定要温和，要对孩子表示理解，孩子得到认同，情绪就会稳定平和一些。

3. 引导孩子反思情绪

孩子的情绪稳定了以后，家长就可以帮他反思情绪发生的整个过程了，给他指出生气的情绪在整件事中的作用，而不生气也可以达到相同的目的，不同的是，他发脾气的行为给其他人带来了一些不好的感受。孩子在这样的反思过程中，已经由能控制自己的情绪，升华为能够体谅他人的情绪了。

完成这三步，相当于给孩子做了一次心灵按摩，心理学上称之为

"认知疗法"。

为了让大家对这种方法有进一步的了解，最后，让我们看看一位懂大脑运行规律的爸爸，是怎么引导他生气的女儿开启左右脑合作模式的。

晚上，5岁的娜娜正准备睡觉，突然光着脚跑出来，大喊道："我的小熊维尼找不到了！"

爸爸说："你昨天睡觉前一定又没有好好收拾，所以维尼找不到了，是吗？"

娜娜辩解道："我明明记得放到箱子里了，您不能怪我！"她又生气又委屈，眼眶都红了。

爸爸决定趁这个机会培养一下娜娜的情绪管理能力，就说："你生气了吗？"

娜娜大声说："当然！"

爸爸说："你因为爸爸错怪了你，所以生气，对不对？"

娜娜说："是，就是爸爸错怪我了！"

爸爸笑着说："嗯，你记忆力很好，那可能是妈妈把维尼放到别的地方了。如果妈妈回家说是她放的，爸爸一定跟你道歉，行不行？"

"也不用爸爸道歉啦。"娜娜说。她心情看上去好多了。

爸爸又问："那如果维尼找到了，爸爸也知道错怪你了，我们之间的问题就解决了，你会不会高兴？"

娜娜得意地说："那当然！"

爸爸说："你想，如果你开始没有发脾气，而是好好地跟爸爸说，爸爸也不会怪你啊。爸爸是不讲道理的人吗？"

娜娜嘟着嘴，摇摇头。

爸爸摸摸她的小脑袋，说："你看，生气并没有帮你解决问题，你刚才那样子，自己也很不开心吧？"

娜娜点点头，爸爸进一步说："因为娜娜生气了，对爸爸发火，所以爸爸也不开心，你发现了吗？"

娜娜抱住爸爸，说："爸爸，对不起，我不该跟你发火。"

第五章
爱的放手，帮"小大人"走出独立的第一步

父母之爱对于孩子的使命，就是把他培养成一个健康、有独立人格的人。没有离开过父母的孩子，他们长大以后也会像个巨婴，把幸福感交到别人手里，而无法靠自己获得。

孩子爱说"我不要"，是自我意识在萌芽

问题23 你还记得宝宝在两岁的时候发生的一些变化吗？

你觉得孩子很乖很好带，像个小天使，那是因为你还没有经历"可怕的两岁"。

沫沫从小就性格温和，不吵不闹，属于比较好带的孩子，妈妈常常抱着她向邻居炫耀："真是个小棉袄，这么小就知道体贴妈妈！"小区里的妈妈们说："不要得意得太早哦，等孩子两岁你就知道了。"

果然，到了两岁，沫沫身上很明显地发生了一些变化，以前乖巧温顺的她现在简直成了一个"不不不"小妞，对爸爸妈妈的行为和要求通通不配合，挂在嘴上的永远就三个字："我不要！"

"宝贝，妈妈帮你穿衣服。""我不要！""沫沫，吃饭啦！""我不要!""别玩水，待会儿把衣服弄湿了，快过来!""我不要!"

现在，妈妈每天都跟沫沫纠缠在这些小事上，不胜其烦。晚上，沫沫提出要自己洗澡，还把卫生间的门关上，不让妈妈进去。其实她哪里会自己洗澡，就是在里面玩水呢。还好天气热，妈妈就让她自己玩一会儿，然后又给她重新洗了一遍，可是在洗的过程中也遭到了沫沫的强烈反抗。洗完澡，沫沫提出要自己穿衣服的时候，妈妈果断地拒绝了她，特别利索地给她把衣服穿好了。谁知道沫沫竟然生气地把扣子扯开，又自己重新穿了一遍。妈妈看着她用稚嫩的小手特别有耐心地摆弄扣子，真是又好气又好笑。

幼儿到了两岁左右，都会和沫沫一样经历一个反抗期，对父母的一切要求都说"不"，英语中甚至为此制造了一个词组——"Terrible Two"（可怕的两岁）。

为什么会出现这个反抗期呢？

当孩子还处于婴儿阶段的时候，他们是没有独立的自我意识的，不能区分自己和外界。到了两岁左右，孩子开始出现自我意识，明显地意识到了"我"的存在，并且意识到"我"有着独立的想法和愿望。所以，他们理所当然地要通过行动来证明自己的独立。

这个阶段的孩子开始进入心理学上的"第一反抗期"，他们常常说"不"。因为自我意识萌芽以后，他们相信自己的能力，觉得自己什么都能做，所以什么都想亲自尝试。当事实和想象产生差距，或者尝试和探索行为遭到家长的反对时，孩子会出现心理落差。幼小的孩子还不懂得正确表达情绪，所以就以发脾气、打人、扔东西的方式来发泄，这不光是发泄，也是他试图和外界沟通的方式。

有的宝宝因为"叛逆"行为被家长惩罚，如打手心、打屁股、大声责骂等。家长如果能够了解孩子的成长规律，理解这是孩子"自我意识"萌发的表现，就不会想着如何用惩罚去纠正这些变化，而是抱着愉悦的心情，懂得抓住这个敏感期让孩子更好地成长。完善良好的自我意识，是孩子将来拥有健康、积极个性的基础。

这个阶段非常关键，而父母担负着引导孩子基本性格定型的重要任务。

自我意识的发展，让宝宝意识到自己是独立的个体，他有自己的相貌、习惯、独立空间和规则等，他需要让别人知道自己的独立。家长需要帮他完善对这个"独立自我"的认识，这比拥有一个乖宝宝重要得多。

家长要承认宝宝的自我价值，多给他积极评价，少批评、斥责他。这个阶段的宝宝会非常在意他人对自己的评价。家长可以帮孩子了解自我，比如用他能理解的、生动的方式，让他认识到自己独立的美好："我很棒，我能用自己的小手吃饭、穿衣服，能用自己的双脚蹦蹦跳跳，不要爸爸背，不要妈妈抱。"

从让孩子自己吃饭开始，培养他的自理能力

问题24 宝宝在2～4岁能独立完成哪些事情？

倩倩妈妈和同事小周约好了周六中午一起吃饭，两个人都带上了孩子。

菜很快就上齐了，妈妈拿起倩倩的小碗，问她："宝贝，喜欢吃什么？妈妈给你夹。"

倩倩一边把小脑袋压在手上，一边"浏览"桌上的菜，点了几道她喜欢的菜。

妈妈夹好菜后，把碗递给她："赶紧吃吧，凉了就不好吃了。"

倩倩嘬起嘴抗议："不要，我要妈妈喂！"

妈妈看到小周的女儿楠楠比倩倩还小一岁，这会儿正在自己乖乖吃饭，觉得有点尴尬，就对倩倩说："你看，妹妹比你小，都自己吃饭，不要妈妈帮忙……"倩倩不高兴地说："可是在家里您就喂我！"

最后，这顿饭还是以妈妈妥协收场。她看着"悠闲"的小周，忍不住羡慕地说："你是怎么把孩子教得这么乖啊？"

小周笑着说："也没怎么教，就是1岁以后就让她学着自己吃饭了，孩子也习惯了，现在我们要喂她，她还不让呢。"

倩倩妈妈惊讶地说："1岁？那也太小了吧，那还不得吃得满脸都是！"

小周说："是啊，开始的时候就是边吃边玩呗，孩子嘛，总得有这个过程。"

很多孩子自理能力差，究其背后的原因，就是在家受到过分的关怀和宠爱，因此从小对父母产生了极度依赖的心理，缺乏独立的精神。久而久之，孩子的依赖心和惰性都越来越强，即使随着年龄的增长，孩子在教育和引导下，明白了独立自理的重要性，但是出于习惯，也不愿意克服困难来掌握自理能力。有些孩子甚至形成了错误的价值观，认为父母无微不至的照顾才是真爱的表现。这对孩子的成长来说，都是极为不利的。

苏联著名教育家苏霍姆林斯基曾说："幼儿的智力发育需同时借助手指的操作、语言的表达和头脑的思考，家长千万不要荒废了孩子双手上的才能，要教给孩子一些实际的动手能力，这是孩子学会独立生存的起点。"

相关研究显示："2～4岁是儿童初步养成生活自理能力和良好生活习惯的关键时期。"根据儿童心理发展的规律，年龄越小的孩子思维越单纯，可塑性越强，也越容易接受环境影响和家长的教育，因此，这时加强对孩子自理能力的培养更容易成功。

要想培养孩子的自理能力，家长具体应该怎么做呢？首先，就从最让大人头疼的孩子的吃饭问题开始吧。

孩子1岁以后，就可以尝试让他自己吃饭了。专门给孩子准备一套儿童餐桌椅很有必要，桌椅下面提前铺好垫子或旧报纸，这样孩子吃完，大人收拾起来也比较省心。孩子刚学吃饭，肯定是吃得少掉得多，可能需要孩子自己吃一半，大人动手喂一半。随着孩子的手部动作越来越灵活，他慢慢地就能完全独立吃饭了，这是水到渠成的事情，大人只要提供自由的环境，不去阻拦孩子的尝试就好。在看到孩子把面条"吃"到头上，顺便把油腻腻的小手往衣服上抹了一把时，你千万要忍住，除非你想在他5岁的时候还连哄带骗地喂饭给他吃。你难道没有发现，小家伙自己吃饭的时候很快乐吗？

对孩子来说，学会自己吃饭，并不仅仅是掌握了一项技能而已，这代表着他走出了生活自理的第一步，也完成了独立自主的第一步。

另外，刷牙、洗澡等都可以通过游戏的方式教给孩子。比如洗澡，孩子天生就喜欢水，所以家长可以把小鸭子给他，让他自由地玩水，同时家长可以唱着关于洗澡的儿歌，引导孩子用毛巾擦洗身体。刷牙也是一样，大人带着孩子一起，孩子自然会学习大人的方式去做。总之，把这些"每天必须要做的事"变成"有意思的好玩的事"，孩子才更有兴趣去做。

从2岁左右开始，家长就可以给孩子分配点家务活了，这不仅能够大大地促进孩子的手部动作发展，还能提升孩子的自我价值感和独立自主意识。家长记得不要挑毛病，要多鼓励他，这样他才会越干越起劲。

我们来看一下，2~4岁的孩子适合做哪些家务呢?

2岁以内：把纸尿裤扔进垃圾桶，把玩具放回箱子里，把脏衣服按颜色深浅分开等。

3岁左右：帮袜子配对，给植物浇水，清理自己掉到地上的食物残渣，收拾自己的碗碟，擦桌子等。

4岁左右：摆放碗筷，收拾餐具，折叠衣服，洗自己的小袜子，帮忙择菜，用小扫把扫地等。

放弃控制，给"小大人"选择和做主的权利

问题25 帮孩子挑选物品的时候，你和他的喜好通常一致吗？

新学期到了，爸爸妈妈说要带萱萱去挑选一个新书包，萱萱高兴极了。

来到商场，萱萱摸摸这个书包，又摸摸那个书包。爸爸妈妈让她挨个试背一下，她像个小模特一样，特别有耐心地轮流试背。

售货员问她："小姑娘，你背这几款都很好看，你喜欢哪一款呀？"

萱萱扬起脸，说："我喜欢那款黑色月野兔的！"

妈妈皱皱眉："黑色有什么好看的，小姑娘就要背红色的、紫色的，来，你看看这个……"

萱萱把月野兔的书包抓到手里，说："我就喜欢这个。"

爸爸说："这个太大了，你背着不好看，你个子那么小，快点换一个。"

萱萱嘟着嘴，直摇头，不说话。

妈妈有点不耐烦了："就买那个紫色的，你要不要？"

萱萱把头摇得更厉害了。

妈妈生气地说："不要就不给你买了，反正家里还有旧书包。"

萱萱的眼泪在眼眶里打转，她小声地说："我要买书包……"

爸爸劝她："妈妈给你拿的紫色的，比你手上这个好看，快点，听话。"

萱萱倔强地站在原地，把手上的书包抱得更紧了。

妈妈一把抓过她手上的书包，还给售货员，说："我们不买了，谢谢啊。"然后拉着萱萱离开了商场，一路上还在批评她，怎么越大越不懂事，给她买新书包还不高兴。

萱萱低着头闷闷不乐，心里一直想着那个月野兔的书包，它多漂亮啊。萱萱真想快点长大，那样她就可以买自己喜欢的东西了。

生活中有很多这样的家长，他们事无巨细都要替孩子做主，以至于孩子连挑选一个自己喜欢的书包的权利都没有，这样下去，孩子怎么会快乐呢？没有经过锻炼，孩子的独立性怎么得到发展呢？

孩子在成长的过程中，会遇到并迎接各种各样的选择。如果家长习惯于控制孩子，遇事都直接替孩子做决定，剥夺了孩子的选择权，孩子就会形成惯性的依赖心理，将选择权交到他人手中，而不是依靠自己的智慧和能力去独立解决问题。家长一定要知道，孩子虽然年纪小，但是也有独立的人格，给予孩子选择权并尊重孩子的选择，能够帮助孩子建立起责任感和个人价值感，这样孩子才有机会形成对事物的判断力，才有可能成为独立而有主见的人。随着孩子年龄的增加，家长应该有意识地克制自己的控制欲望，克制什么都想替孩子做的想法，而给他更多的自由和控制自己生活的权利。在赋予孩子权利的同时，家长要注意以下几点：

1. 应该给孩子有限的选择，不要让孩子无限选择

孩子的辨别能力毕竟有限，他可能会选择一些确实对身体健康有害，或者不那么安全的东西。鉴于此，大人应宏观把控，微观上由孩子自己做主。

2. 孩子和家长意见不同的时候，讲道理

给孩子选择权是不是代表事事都要迁就孩子呢？当然不是。我们都知道专制不好，但是毫无原则的民主带来的害处一样大。当孩子和家长的意见发生分歧的时候，家长应该通过民主的方式，引导孩子判断自己选择的对错，最终做出正确的决定，这是民主的家庭中的教育艺术。

3. 不批评孩子的选择结果

当孩子做出了不合理的决定时，家长不要唠叨个没完，孩子自己会从周围的同龄人那里吸取经验和教训。

学会做个"懒妈妈"，培养孩子的责任感

问题26 为什么家长越懒，孩子反而越勤快？

    小雪中午去拿冰激凌的时候，开冰箱门没注意，一下把里面的鸡蛋打落在地。小雪冲着妈妈的房间大喊："妈妈，鸡蛋碎了，地板上全是，您快来看看！"妈妈正在忙工作的事情，实在是连抬头的时间都没有，就随口说："那你拿拖把去拖一下，妈妈现在没时间。"小雪听完愣了一下，因为在家里这些事从来都是妈妈在做，妈妈爱干净，雷厉风行，简直像个万能的超人。虽然有点不情愿，但小雪还是乖乖地把地拖了。

    本来是件小事，妈妈却发现了一些有趣的变化。这以后的几天里，小雪开、关冰箱门的时候都小心翼翼的，再也不像以前那样使用蛮力了。她那点小心思一下就被妈妈看穿了，还不是怕又碰翻了什么，妈妈

又要让她打扫嘛！

由此，妈妈感悟到，以前可能就是因为自己太大包大揽了，才使得小雪的依赖性那么强。于是，晚上妈妈又想了个小妙招，来对付小雪写作业粗心马虎的毛病。

果然，第二天，小雪回家就气鼓鼓地说："妈妈，您昨天有没有帮我好好检查作业啊，错了好多，今天老师还批评我了！""宝贝，不好意思啊，你们的作业越来越难了，妈妈也有好多不会的，以后你就自己检查吧！"

为了不挨老师的批评，小雪只好自己检查作业，几个月过去了，她渐渐改掉了粗心大意的毛病。

生活中有很多这样的例子，家长有时候会埋怨自己的孩子懒惰、依赖性强、没有责任感，却没有意识到，孩子之所以这样，有时候恰恰是因为家长太勤快。

教育心理学领域认为，孩子的能力同家长的照顾之间有个有趣的互补现象。如果家长在照顾上有20%的缺失，即不能帮孩子完成20%的事情，那么孩子就拥有这20%的能力。如果家长更多地展现出自己的弱势，孩子就可能拥有更多成功的机会。

这就是为什么我们常常看到，在家长对孩子管教比较少的家庭里，孩子独立得更快，并且有较强的责任感。为了培养孩子的独立性和责任感，家长们也适当地偷偷懒吧！可以从以下几点做起。

1. 懒于陪读

在辅导孩子学习的问题上，家长不要太勤于指导、检查，应该学会发现哪些是孩子能做的，让他自己去独立思考，写完了自己检查一遍。

2. 懒于唠叨

很多父母有唠叨的习惯，生怕孩子忘记了什么，做错了什么，这不但会让孩子觉得厌烦，还会让孩子丧失责任感。

有的家长一天到晚督促孩子学习，把孩子的任务变成了自己的任务，这样孩子怎么会有责任感呢？他会觉得那是家长的责任。

3. 懒于动手

凡是孩子力所能及的事情，家长都不要插手帮忙、大包大揽。如果家长太勤于帮忙，孩子就会有强烈的依赖性，觉得"我不做妈妈也会做的"，本来是他分内的应该主动完成的事情，他却被动地等待妈妈来做，长此以往孩子的责任心就无从培养。

很多家长在变"懒"以后都有惊喜的发现：孩子的学习、生活习惯都变好了，学习上不再粗枝大叶、拖拖拉拉，遇到困难还能独立思考；生活上也更独立，样样能自理。父母要学会放手，把操心、担心放在心里，移开"万能家长"的羽翼，这样孩子才能学会自己飞翔。

让孩子参与家庭决策，培养孩子的独立思维

问题27 ▶ 像搬家这样的大事，你会跟孩子商量还是只是通知他？

公司领导找小磊的爸爸谈话，问他是否愿意调往上海分部担任主管，协助那边重要业务的开展。

他回到家和妻子商量之后，两个人都觉得这是不错的机会，随后爸爸又说："我觉得还是有必要跟儿子商量一下这件事，因为调到那边之后，他又要重新换学校，不知道他愿不愿意。"妈妈点点头说："嗯，你说得对。"

晚饭过后，爸爸妈妈宣布要召开家庭会议，决定一件重要的事情。

小磊起初很兴奋，当他得知全家可能要搬去上海时，显得有些不开心："啊？可是我在这边有那么多好朋友……"

爸爸说："没事，这不是跟你征求意见呢吗？你要是不愿意，这件事

情也可以再商量。"

小磊看向妈妈："妈妈，可以不搬吗？"

妈妈笑着说："可以呀，不过去了上海，爸爸的工作待遇会大幅提高，我们可以带小磊去很多地方旅游，你喜欢的迪斯尼也在那边呢。"

小磊挠挠头，想了一会儿，拍拍爸爸的肩膀说："老爸，我可不是为了妈妈说的什么迪斯尼。既然对你的工作有好处，那作为这个家里的男人，你的哥们儿，我支持你！不过，石头和小胖他们一定舍不得我，你有时间可得带我回来找他们玩！"

小磊的家庭很民主，像爸爸工作调动这样的大事，父母也会认真地跟他商量，让他参与决策，充分尊重他的感受，所以，他把自己当成家里的小小男子汉，认真权衡之后做出了自己认为正确的决定，比一般的孩子显得更有主见，更有大局观。

育儿专家在10所不同类型的小学调查后发现，经常参与家庭决策的孩子性格开朗、独立、自信，集体荣誉感较强；不经常参与家庭决策的孩子则依赖性较强，遇事习惯等待而不是独立思考，不够自信，集体荣誉感淡薄。

教育心理学领域认为，孩子虽然年龄较小，但也是家庭中的一员，理应享有和其他成员一样的权利，如知情权、参与决策权。家长赋予孩子这些权利的时候，既尊重了孩子，又培养了孩子的责任感和独立意识，同时也锻炼了孩子的独立思考能力。

在给予孩子决策权的时候，家长需要注意以下两点：

1. 强调事情的重要性

如果有重要的事情要跟孩子说或者向他征求意见，家长首先要从态度上保持严肃、认真，显得郑重其事。家长告知孩子时的态度，决定了孩子看待这件事情的态度，家长表现越认真，孩子也会越认真地思考，充分发挥独立思维。另外，从时间上也能显示事情的重要程度，家长应该选择一个宽裕的时间，晚饭后、睡觉前都是比较合适的时间。不要在早上孩子上学之前，急匆匆地告诉他，这样不光影响孩子一天的情绪，也会削减孩子被重视的感觉。

2. 真正征求孩子的意见

如果表示要征求孩子的意见，家长应该拿出真诚的态度来和孩子探讨。如果孩子提出了不同意见，家长不能一味地否定，而应该认真地考虑和分析，直到问题被化解，全体成员的意见达成一致。

有的家长会觉得："孩子还小，他们懂什么？"家里有什么事，特别是重大决策，他们都不会提前告诉孩子，更别说征求孩子的意见了。事实上，一个民主的、尊重孩子独立人格的家庭，会充分保护孩子的知情权、参与权和表决权。得到了这些权利的孩子会想：这件事情跟我有关，我一定要好好想想！这样，他的独立思考能力就得到了训练。另外，孩子还会因为父母的尊重，而反过来考虑父母的感受：这是家庭的事情，不光是我一个人的事，所以我也要为爸爸妈妈考虑！这样无形中也增进了亲子之间的感情。

第六章
引导孩子多交朋友，打造
"小小外交家"

毫无疑问，真挚的友谊是童年必不可少的幸福来源，孩子之间纯真的感情更是弥足珍贵。大人可以做的就是鼓励他，再教给他一点小技巧。

当心"儿童社交恐惧症"

问题28
儿童社交恐惧症的表现有哪些?

在生活中,有的孩子不敢主动跟人打招呼,来到新环境会感到紧张,这种现象非常普遍,因此家长们也没放在心上,觉得孩子嘛,小时候害羞很正常,等长大了自然就好了。孩子不善交往,真的只是害羞、内向这么简单吗?

周末,妈妈带着品品去儿童娱乐中心玩,他们到得晚,那里已经聚集了很多小朋友。孩子们很多都是不认识的,但是由于年龄相仿,很快就熟了起来,叽叽喳喳地说着话,一起玩着游戏。

妈妈把品品放下来,说:"要不要去跟小朋友玩?妈妈在这里等你。"

品品却使劲抓着妈妈的衣角,连连摇头说:"不要。"

妈妈看到小朋友们玩起了老鹰抓小鸡的游戏，就推推品品，说："你看大家玩得多高兴啊，你也去吧，拉着最后一个小朋友的衣服。"

谁知，品品竟然大哭起来，抱住妈妈的腿说："我不要在这里，我要回家，妈妈抱！"

品品从小跟着奶奶，奶奶话少，也不爱带她出门，品品慢慢就习惯了在家看电视，一看就是一天。妈妈起初觉得是因为孩子乖巧、听话，也没多想。直到品品上了幼儿园了，老师向她反映品品不合群，别的小朋友聚在一起玩的时候，品品总是一个人躲在角落里自己玩自己的，从种种表现看来，品品可能是患上了儿童社交恐惧症。妈妈这才开始着急了，也有点不敢相信，她以为孩子只是有点内向，怎么还跟社交恐惧症扯上关系了？

为了解答品品妈妈的困惑，我们来了解一下什么是儿童社交恐惧症。

儿童社交恐惧症，是常见的儿童期情绪障碍，具体表现为：在人际交往中过分害羞、尴尬，对自己的行为过分关注，进入陌生环境时心理上感觉痛苦，甚至身体上出现不适，伴随哭闹、退缩、沉默等行为。

儿童由于缺乏社交经验和独立能力，在独自面对陌生人的时候，会产生紧张、焦虑的情绪。之后随着不断和陌生人接触、交往，这种焦虑感逐渐降低，直至陌生人在孩子心里变成了"熟人"，焦虑感消失，儿童对该社交行为才不再抵触。性格内向的孩子，这种焦虑感降低的速度会相对慢一些，但是消失后不再反复。如果孩子的这种焦虑感以及对社交的回避行为长时间、反复地出现，他就有可能是患上了社交恐惧症。

由此我们可以看到，内向只是一种性格上的特征，不会影响孩子逐渐适应环境，以及拥有亲密的人际关系。患有社交恐惧症的孩子，则常被认为"难以沟通""合作能力差""不能融入集体"，在学习和生活上都遇到很多困难，而且长时间的焦虑感会严重影响孩子的身心健康。

那么，家长应该如何预防孩子患上社交恐惧症呢？我们先从它的成因说起。

1. 人文环境影响

家长不爱出门，不爱交际，也很少带孩子出门与人交往，这样会抑制孩子的社交欲望，孩子的社交能力也无从锻炼。

2. 家长角色错位

很多父母因为忙于工作，就将孩子交给老人或者保姆照顾。虽然孩子的衣食起居被照顾得很好，但是有些老人的活力不够，生活方式也相对安静，保姆不会花费大量的时间、精力跟孩子沟通、玩耍，因此孩子无法学会积极大胆、充满热情的人际交往方式。

3. 心理创伤

如果孩子遭受过当众打骂、嘲笑，这种不愉快的经历就会给他造成心理创伤，一些内心敏感、自卑的孩子会因此回避人群，害怕再次遭遇不愉快的经历。

综上所述，孩子的恐惧，来源于家长的疏忽，从现在起，家长们就做出积极的改变吧，这样才能把社交恐惧的苗头挡在门外，把安全感和社交快乐还给孩子。家长具体可以从以下几个方面做出改变：

1. 多陪孩子交流、玩耍

家长在孩子面前要表现得快乐而有活力，尽量把孩子当成朋友，多陪孩子聊天、玩耍，不知不觉中教给孩子与人交流的方法，锻炼孩子的表达能力。

2. 给孩子单独与人接触的机会

比如，家长带孩子购物时，可以先挑选他喜欢的商品，再让他自己去收银台付款。或者路上有人赠送玩具、气球，孩子如果想要，家长也可以试着让他自己去跟人打招呼。注意要在孩子心情愉悦的情况下做这样的小练习，这样更容易成功。

3. 创造交友环境

家长可以多带孩子去邻居、同事、朋友的家里串门，也可以常邀请别的小朋友来家里做客，给孩子创造交友环境。注意不要勉强孩子与人交往，并确保环境的自由、宽松，这样孩子才会慢慢适应和接受。

抓住孩子的语言发育关键期

问题29 孩子小的时候，你喜欢用叠词跟他说话吗？

语言能力，是孩子拓展小小世界的窗口。爱说话、表达能力强的孩子总是显得聪明伶俐、活泼开朗，能很快交到新朋友，收获新的友谊。

3岁的糖糖跟她的名字一样，是个人见人爱的小姑娘，她个性活泼，也爱交朋友，走到哪里都能跟人"自来熟"，聊个没完。

早上，妈妈开车带她去同事家里玩。

出门的时候，妈妈说："阿姨家里有个小姐姐哟，你可以跟她一起玩。"

糖糖高兴地说："太好了，我真想快点见到小姐姐！"

到了同事家里，小姐姐邀请糖糖参观她的房间，糖糖说："姐姐，你的房间真漂亮，就像巴啦啦小魔仙的房间一样！"小姐姐被她逗乐了。这时候，小姐姐的狗狗从床底下钻出来，在糖糖腿边蹭来蹭去。糖糖把它抱起来说："这么可爱的狗狗，谁都会想要养一只吧！"小姐姐问："那糖糖养过什么小动物吗？"糖糖一下打开了话匣子："有啊，我养过一只小白兔，叫白白，白白最喜欢吃青菜、胡萝卜。姐姐，你们家狗狗吃什么呀？它叫什么名字？"两个女孩就这么愉快地聊着，聊小动物，聊班上的同学，聊爸爸妈妈，一直到临走的时候，两个人还舍不得分开。

像糖糖这样的孩子，总是让家长们羡慕："这孩子语言天赋也太强了！"有的家长总烦恼自己的孩子"说话晚""说话少"，其实这都是可以后天训练的。

婴幼儿时期是孩子语言能力发展的最佳时期，也是最迅速的时期。专家经研究发现，2～4岁为孩子的语言发育关键期。在这段时期，孩子对外界的刺激特别敏感，不断接受各种资讯，此时教他学习语言效果最佳，他所获取的语言习惯也最容易长期保持。

具体来说，孩子的语言能力在发展的过程中，需要经过以下几个重要时期：

1. 语言准备期（1～3岁）

单词句阶段（12～18个月）：幼儿在该时期常用一个简单的词语表达自己的愿望，并用手势、表情等做辅助，比如看着碗说"饭饭"，指着图片上的羊"咩咩"地叫。

多词句阶段（18～24个月）：由于对周围的环境、事物有了更深的理解，幼儿的词汇量明显增加，他会把两三个简单词语组合在一起来表达自己的意思。这些词语有时候关联紧密，如"吃饭饭""妈妈抱"等，有时候关联不紧密，比如"外外""车车"，就是说要坐小车去外面玩。

简单句阶段（24～36个月）：幼儿在这个阶段，表达能力迅速提升，已经能够说出有逻辑性，有主语、谓语的简单句，比如"宝宝吃饭饭""妈妈抱宝宝"等。

2. 语言完备期（3~6岁）

该阶段又可称为复合句过渡阶段。幼儿在该时期学会了组词成句的规律，能跟大人一样使用完整的复合句，虽然简单句仍然会被使用，但是随着年龄的增长，简单句出现的比例会越来越小。

在以上各个阶段，家长怎样才能给孩子提供良好的语言环境呢？

1. 储备语言信息（0~1岁）

幼儿在该时期特别热衷于咿呀学语，做一些发声练习。孩子虽然还不会说话，但是他的大脑已经做好了储备语言信息的准备。家长可以读书给孩子听，可以在做每件事的时候告诉孩子，比如"妈妈要给你换尿不湿了""妈妈在给你洗衣服"等，通过这样的方式帮孩子先把丰富的语言信息储备起来。

2. 做语言游戏（1~2岁）

该时期的幼儿对语言有强烈的好奇心，家长应满足他，多跟他交流，做语言游戏，比如可以指着卡片上的图画问他："这是什么？"

3. 鼓励说长句（2~3岁）

家长在该时期应该给孩子提供语言交流的环境，并鼓励他多说长句。比如，孩子想吃面包，家长可以放慢语速问："你要吃面包吗？"这样，孩子就会模仿家长，逐渐习惯使用长句。家长注意不要揣摩孩子的意思，直接把东西拿给他，而要鼓励他自己说出来。

4. 丰富语言环境（3~6岁）

这时，孩子的语言能力已经相对完善，家长可以丰富孩子的语境，比如让他学习外语，多听节目，多看图书，并引导孩子把故事复述一遍。

引导孩子发现朋友，营造内心的安全感

问题30 孩子想加入一群小朋友的游戏又不敢，你会怎么做？

政政家刚搬到一个新的小区，小区里他一个小朋友也不认识，政政还有些不适应新环境，因此显得闷闷不乐。

这天，妈妈带着政政下楼晒太阳，单元门口有一群小男孩在拍皮球。政政盯着皮球，看上去很想加入他们。

妈妈："政政，你也想过去玩吗？"

政政点点头，又有点犹豫地说："可是他们看上去比我大一点，我怕他们不愿意跟我玩。"

妈妈想了想，说："行，那咱们不过去，咱们就在这边看看。"

政政笑着说："好！"

妈妈指着其中一个穿红衣服的孩子，对政政说："你看那个小朋友，

是不是跟你差不多大？"

政政说："好像是吧。"

"妈妈听到别的小朋友叫他小武，你看小武拍得多好啊，现在他把球传给别人了，他好像有点玩累了……"

"嗯，是啊，他在地上蹲着玩沙子呢。"

"政政不是也喜欢玩沙子吗，你看小武在堆什么？"

"他在堆城堡，妈妈，我要去和小武一起堆……"说着，政政就蹦蹦跳跳地过去和小武一起玩了。

和小武一起堆完沙子城堡，政政又被男孩们拉着一起拍皮球，这天下午政政玩得高兴极了。

你看那个小朋友……

政政想加入新集体又不敢，这时妈妈发现了一个和他差不多大的孩子小武，并带着政政一起观察他、谈论他。在妈妈巧妙的引导下，有趣的现象发生了——政政根本就不认识小武，却克服了胆怯，主动去和小武交朋友，并顺利地融入了新集体。为什么会这样呢？这是因为小武的形象给了他安全感。

当孩子进入集体前，他所看到的是一个群体印象，容易产生害羞、胆怯等社交障碍心理。如果家长将其中一个小朋友单独提出来，重点介绍给孩子，孩子就能在群体中发现与他类似的个体形象，进而深入观察该形象，并很快对其熟悉起来。孩子在群体中交到的第一个朋友，很有可能就是家长介绍的这个。即使该小朋友没有和他亲近、玩耍，他心里也会因为保留了一个熟悉的形象而拥有安全感，这有利于他尽快融入集体。

这个方法也被很多幼儿园老师采用，他们会给新来的孩子介绍一个愿意和他玩的小朋友。育儿专家称这个小朋友为"心理医生"，很多时候，对于新加入集体的孩子来说，这个小小的"心理医生"的作用比家长和老师还大。

家长在生活中遇到类似的情况时，也可以借用这种方法，帮孩子找到陌生环境中的"心理医生"，带给他满满的安全感。只是在这个过程中家长需要注意以下几点：

1. 寻找跟孩子相似的小伙伴

家长应选择在年龄、行为、兴趣等某方面跟孩子类似的小伙伴作为

"心理医生"，这样孩子跟他会比较有共同话题，孩子如果主动去和他亲近，成功率会比较高，这能增强孩子的自信，帮助其缓解紧张情绪。

2. 及时观察孩子的反应

如果孩子并不喜欢家长为其选择的小伙伴，或者不感兴趣，家长应及时更换对象，观察孩子的反应，看他对集体中的哪个小伙伴更感兴趣。

3. 引导孩子多参与讨论

家长要有耐心地陪孩子观察小伙伴的一举一动，在此过程中和孩子一起讨论，多抛出问题，引导孩子在讨论中多说话，这能让他观察得更仔细，注意力更集中，使个体形象在他脑海中留下的印象更深刻。

给孩子提供一个分享的氛围

问题31 你家里有乐于分享的氛围吗?

对于年龄小的孩子来说，分享零食或玩具，往往是建立友谊的第一步。

善于分享，主动分享的孩子总是更容易在集体中获得友谊。

用物质分享获取友谊，是孩子交朋友的最初方式，这在学龄前的孩子中体现得更为明显。随着年龄的增长，孩子的情感表达能力和社交能力逐渐增强，他们会慢慢懂得用情感分享的方式来获取友谊。

家长们有个误区，觉得孩子的分享行为是教会的，其实并非如此，最重要的是要给他提供一个分享的氛围。分享不光是表面的行为方式，更是根植于内心的美德。孩子能够自发地做出分享行为，关键在于体验，只有体验到分享，才能从内心真正理解分享的意义。

有些父母也许会问："小孩子也能理解分享的意义吗？"当然能，别看孩子小，他并非没有理解能力，只是他理解事物的方式与大人不同罢了。比如，你想跟大人解释一件事情，三言两语就好了，对方很快就能理解；而孩子呢，可能你说了半天，他还是似懂非懂。

生活中有很多不懂得分享的孩子，其实也难怪，如今很多孩子被捧在手心里，属于他的东西不需要分给别人，即使是不属于他的东西，也会有长辈千方百计地帮他据为己有。在这种环境中长大的孩子，什么都会以自我为中心，斤斤计较，不会与人友好相处，更别说分享、合作了。

分享行为中包含着宝贵的平等与博爱的思想，让孩子学会分享，能培养他的合作能力。聪明的父母，要为孩子创造这样的环境，当环境中充满分享的意识、行为时，孩子会自然而然地学会分享行为，就像下面的例子一样。

果果是班上的"孩子王"，同学们都很喜欢他，他不管有什么好吃的、好玩的，都很乐于拿出来跟大家一起分享，这跟爸爸妈妈从小对他的教育有很大关系。

在家里，爸爸妈妈会有意识地给果果上"分享课"，他们采用的方式是"场景模拟"。

爸爸妈妈不希望果果养成吃独食的习惯，因此，家里有什么好吃的，都是人人有份，果果并不会得到特殊的优待。比如，妈妈洗好了水果端上来，会说："这是我们晚上的水果，有爸爸爱吃的苹果，妈妈爱吃的李子，还有小果果爱吃的葡萄，我们一起来分享吧！"果果也会很愉快地说："嗯，我最喜欢吃葡萄了，我要分享给爸爸妈妈！"

陪果果玩游戏的时候，爸爸会把自己当成一个大孩子，跟果果说："这个好玩吗？爸爸也想玩，我们一起玩，好不好？"爸爸还会和果果约定两个人轮流玩的时间："我们一起玩吧！我玩5分钟，就换你玩！"如果果果玩得着迷了忘了要分享，或是不愿意分享，爸爸就会提醒他："果果，你已经玩了一盘了。""什么时候轮到我玩？""果果，我们俩是好朋友吧，好朋友之间要互相分享的，你怎么能一个人玩呢？"这时候，果果就会不好意思地说："嗯，爸爸，给您玩，这个游戏真的特别有意思！"然后，他就会坐在爸爸旁边，一边看着爸爸玩，一边兴致勃勃地传授自己的心得："这个地方您要……"

孩子之间的事，让他们自己想办法解决

问题32 当你的孩子跟小伙伴闹别扭时，你会怎么做？

小区的空地上，妮妮开着新的小电动摩托，玩得高兴极了。摩托是粉色的，上面还有米奇的图案，一下就吸引了不少小朋友。

涂涂和梦梦都跑过来，想要和妮妮一起玩。

妮妮回头看向妈妈，问："妈妈，摩托车上可以坐3个人吗？"

妈妈说："不行啊，车上只有两个座位，只能坐两个人。"

妮妮对两个小伙伴说："那你们俩谁要上来？"

"我要！""我要！"涂涂和梦梦不约而同地喊起来。

涂涂妈妈有点不好意思，就想把涂涂拉走，涂涂伤心地哭了起来："我不嘛，我想坐米奇的摩托，是我先来的……"

妮妮是个懂事的孩子，她和两个小伙伴关系都很好，不想让其中任

何一个伤心。于是，妮妮求助地看着妈妈。

妈妈小声地跟她说："既然你不想让好朋友难过，就要自己想办法呀，你动脑筋想一想。"

妮妮灵机一动，对两个小伙伴说："这样吧，我们派一个人在前面跑，剩下两个人坐车去追，等追上了，就换另一个人在前面跑。要不要比赛呀，看谁那么厉害，比摩托车跑得还要快！"

涂涂一听也不哭了，两个小朋友都很高兴，纷纷表示赞同。三个人在空地上你追我赶，充满欢声笑语。晚上，连妈妈也忍不住为妮妮的好点子点赞。

看，有的时候，其实是大人小看了孩子，在孩子们的世界里，他们的相处规则和灵活思考的能力，不需要大人帮忙，他们也能把问题解决得很好。

当孩子之间发生矛盾时，他们会本能地向大人寻求帮助。在这种情况下，家长不宜直接参与解决矛盾，而应该鼓励孩子尝试自己思考解决办法。

孩子正是在这种摩擦、思考、合作的过程中，学会与人交流相处，并获得稳定的人际关系。孩子之间的摩擦、分歧，很多时候都是因为一点点小事引起的，并没有谁对谁错，孩子们也不会将其放在心上。孩子头脑灵活，思想单纯，其实很容易想出双方都认可的解决办法，一会儿就会将不快抛到脑后，重新玩到一起了。如果家长横加干涉，表现出大惊小怪的样子，并带着负面情绪批评、指责孩子，就会将事情复杂化，而且长此以往，孩子就会形成对父母的依赖心理，一旦与同伴产生矛盾，就习惯找父母出面解决，无法获得独立社交的能力。

儿童教育家鲁道夫·德雷克斯在《孩子：挑战》中这样说道："不论孩子们因为什么而发生冲突，父母试着帮他们做决断，都只会让他们之间的冲突更加严重。父母的这种行为，无形地剥夺了孩子们自己锻炼社交能力的好机会，这是孩子们必须经历的冲突和争执，要想培养他们的技能，就必须让他们从生活中去学习。"

随着孩子的成长，家长会逐渐地退出他的生活，所以就从现在开始，放手让他们自己去解决和小伙伴交往中的小矛盾吧。那么家长该怎么做呢？

1. 相信孩子的能力

孩子跟他的小伙伴发生矛盾的时候，父母要做的不是急于干涉，而是抱着冷静、客观的态度去观察，给予孩子充分的时间和空间，让他去发挥自己的能力，尝试不依赖父母，自己解决问题。家长们一定要对孩子的能力有信心，实际上他们的潜力是巨大的，如果家长不加以干涉，孩子们常常会有令人惊讶的表现。

2. 给予适当的指导

虽然说家长不要对孩子之间的矛盾横加干涉，但是也并不是让家长对孩子们的矛盾不闻不问，家长应遵循孩子的成长规律，在必要的时候予以指导，让孩子在冲突中有所收获，成长起来。

细心的家长会发现，孩子虽然年纪小，但是已经有了美好的情感和一定的道德意识。他们在自行解决矛盾冲突时，会说出一些简单的道理。他们发生冲突，是因为都觉得自己是对的，这种稚嫩的是非观念中即使有很多"自我"和"任性"的成分，也是儿童内心的真实表现。家长可以对孩子的观念有所界定，引导他们形成正确的是非观念。

3. 不要庇护或过度保护自己的孩子

不要一味充当孩子的庇护者或保护者，不要因为孩子爱制造冲突或受欺负就把他隔离或保护起来，应该多鼓励他跟同伴接触。

当心"禁果效应"，尊重孩子交友的自由

问题33 ▷ 孩子交了坏朋友，你会怎么做？

很多家长都会关心孩子在学校跟什么样的人交朋友，生怕孩子结交一些坏朋友，沾染上不好的作风、脾气，于是反复提醒孩子，多加干涉，结果却并不理想。

妈妈发现最近华华跟一个叫科科的孩子走得很近，而科科就是家长们眼里的那种典型的坏孩子：学习成绩差，不遵守课堂纪律，有时候还逃课，顶撞老师，还喜欢欺负同学，在班上经常打架。这可把妈妈急坏了，她反复找华华聊天，让他不要跟科科这样的坏孩子来往，跟他在一起会学坏。同时，妈妈开始接送华华上学、放学，不让他跟科科一起回家。可是，华华口头上答应了，背地里还是偷偷地跟科科一起玩。甚至

因为妈妈把他看得太严，他还偶尔跟科科一起逃课去学校外面玩耍。妈妈也不知道该怎么办了。

妈妈很苦恼，她可能也不知道，恰恰是自己这种横加干涉、严加看管的态度，造成了"禁果效应"。

越被禁止的事情越让人感到新奇，越想要去尝试，这就是心理学上的"禁果效应"。家长越强调坏的事情，孩子越觉得是有趣的事、值得去冒险的事；家长越强调坏的朋友，孩子越是觉得其身上有吸引人的地方。

很多家长感觉孩子交了坏朋友，就强行干涉、制止，要自己的孩子跟对方绝交，其实这是非常不明智的做法。特别是孩子到了小学高年级，自主意识已经很强，父母越是强烈反对的事情，他们出于叛逆心理越想尝试，这就会造成亲子关系的紧张。

其实，在孩子的安全不受威胁，且他们没有产生道德上的过失时，父母不妨给予孩子交友的自由。具体可以从以下几个方面去做：

1. 尊重孩子的朋友

家长应该尊重孩子的朋友，因为只有让孩子觉得自己交友的选择受到了尊重，他才会愿意敞开心扉，跟家长沟通自己交友上的快乐和困惑。

2. 不过度干涉

交友的过程，也是孩子培养社交能力的过程。孩子只有通过和不同性格、不同背景的同伴交往，才能学会理解差异，达成共识。更重要的是，他能从别人身上更好地看清自己。这些社交能力，并不是只和某一类孩子交往就能掌握的。缺乏社交经验和技巧的孩子，长大以后进入新环境会出现适应性困难，在人际交往中容易退缩，难以与不同性格的人和谐相处。

3. 密切关注孩子的变化

坏朋友存在吗？当然是存在的。"近朱者赤，近墨者黑"。孩子跟坏朋友待在一起，确实是有不良影响的。

家长不要忘记密切关注孩子的变化。如果孩子真的因此沾染了坏习惯，比如逃课、打架、说脏话、不尊重师长等，也不要一上来就批评孩子，把所有的错误都推到坏孩子身上，而是应该心平气和地跟孩子聊聊。

4. 增强孩子的判断力

这个技能终身受用。在孩子小的时候，父母还能陪在身边，帮他们区分"好朋友"和"坏朋友"，但孩子长大进入社会以后呢？这些人总归是需要他自己来区分的。

家长应该帮孩子树立明确的是非观念，以及告诉他什么是真正的朋友。当孩子心中有了"尺子"，他就能感受和判断一个朋友是好还是不好，当他觉得这不是真正的友谊时，他自己会选择放弃，根本不需要家长出面。

第七章
善用兴趣和自由，唤醒孩子自主学习的热情

孩子需要学习，准确地说是学习力。学习力贯穿孩子的一生，能够帮他们吸收新鲜事物，获取对未来有益的知识和能力，扫除路障，一往直前。最重要的是，专注而充满热情地投入学习中时，那种身心愉悦的感觉，是世界上任何事物都无法取代的。

"三年级现象"引起的早教反思

问题34 孩子在幼儿阶段的重点学习任务是什么？

晓涵上三年级了，妈妈发现，晓涵在一、二年级的时候明明成绩很好，每次考试不是得98分、99分就是100分，怎么上了三年级突然就不行了，每次就只能考80分左右了呢？这差距也太大了。妈妈想，是孩子不用心，还是像老人说的，女孩子上学缺少"后劲"？

如果说是功课难度大，晓涵接受不了，妈妈是不相信的，因为晓涵从小就表现得很聪明，什么知识一学就会，背诗、写字、口算都不在话下。

其实，像晓涵这样成绩突然下滑的"三年级现象"非常普遍。究其背后的原因，其实都是幼儿阶段的"超前教育"惹的祸。很多孩子在上幼儿园期间，就开始学习拼音、识字、口算等，而这些其实属于小学一、二年级的教学内容。孩子接受了超前教育，在一、二年级时就对重复的内容失去了兴趣，产生了厌学或者应付的心态，结果没有好好掌握小学的学习方法。到了三年级，面对崭新的学习内容，他们的方法不当，就显得力不从心，进而因为成绩下滑而失去信心。

"超前教育"早就不是什么新鲜词了，幼儿阶段，越来越多的"神童"层出不穷：2岁背唐诗，3岁弹钢琴，4岁学数学……好像只有这样做，孩子才不会输在起跑线上，家长也才能稍微放心一点。

家长总希望尽可能多地给孩子灌输知识，却忽略了一点——以孩子的年龄，他是否能真正理解并接受这些知识。比如，有些家长最喜欢让孩子背诗，就让他大量地背诗。有一位大学教授，她的孩子在上学前就会背一百多首诗，但是后来她非常后悔："我女儿后来并没有表现出在语文学习方面的任何优势，很快她就把那些背过的诗全忘记了。如果孩子的童年能再来一次，我一定不会这样做。"为什么孩子背过的诗很快就忘？因为他只是死记硬背，不能理解诗句的意思，不能体会作者的感情，那是以他目前的心智做不到的事情。

人的成长过程其实是一个心理发展的过程，而不是智力发展的过程，智力成长必须依附于心理成长之上。家长必须遵循儿童的自然发展规律，一旦这个规律遭到破坏，孩子的整个发展都不会正常，包括智力。

在孩子的心智都不成熟的状态下，对其进行超前教育，耗费大量时间强迫其死记硬背的知识，到了孩子心智成熟的年龄，他可能只花几天就能完全掌握。超前教育带来的过大压力，会使孩子形成逆反心理，产生厌学情绪。

家长的教育一定要基于孩子的生理和心理年龄特点，切勿操之过急。在孩子幼儿阶段的学习中，家长的首要任务不是教他记忆任何书本知识，而是帮助其养成以下一些良好的学习习惯，比如以下习惯：

1. 保持热情

首先，家长在选择教学内容时，一定要选择贴近幼儿生活和他所感兴趣的事物，比如"猴子捞月的故事""三只小猪的故事"，他们就会非常爱听，还能从故事里学到一些简单的道理。另外，根据幼儿年龄小，情绪容易受感染的特点，家长可以通过自己的教导热情来感染孩子的学习热情，比如丰富的表情、生动的语气以及对所教内容的喜爱，都能调动孩子的学习兴趣。

2. 勤于思考

幼儿在学习中注意力不持久，容易分散，总是听着听着就走神了。家长应该培养其勤于思考的习惯，让孩子在思考问题的过程中集中注意力。比如，家长可以在每次讲完故事或陪孩子做完游戏后，留一些小问题考考孩子。

3. 积极发言

很多孩子在上学以后，没有举手发言的习惯，可能是因为没有思考，或是出于害羞。家长可以在游戏中设置教学情境，跟孩子轮流扮演老师和学生的角色，家长在扮演学生时要多举手发言，给孩子做示范，引导孩子养成积极发言的习惯。

建立学习型家庭

问题35 — 你在工作之余，还有充电学习的计划吗？

　　妞妞上小学了，还是跟小时候一样贪玩，不爱学习，放了学不是往外面跑，就是在家看动画片。直到老师找妞妞妈妈谈话，说妞妞上课不认真听讲，课后也不爱写作业，希望家长能帮忙配合一下，帮妞妞养成良好的学习习惯，这才引起妞妞妈妈的重视，于是立刻把抓妞妞的学习提上日程。

　　这天，妞妞一放学，正准备看动画片，就被妈妈赶到自己的房间里写作业。妞妞不服气地说："凭什么就我一个人要写作业啊，您和爸爸怎么不写？"妈妈被她逗乐了："我们是大人，要写什么作业啊？读书是你自己的事情，你要自觉一点！"妞妞说："才不是这样，我去蓓蓓家里玩，她的爸爸妈妈就在看书。"

这句话，倒是说得妞妞妈妈哑口无言。她和妞妞爸爸确实没有给孩子起到一个好的带头作用。他们下了班回到家不是看电视，就是约朋友过来吃饭、喝酒、闲聊，基本没有充电学习的习惯。家里也总是闹哄哄的，没有给孩子创造良好的学习氛围。

像妞妞父母这样的家长不在少数，难怪有些孩子的愿望是成为大人，因为"当了大人，就不用再读书、写作业了"。网上有句话说得很有意思："家里唯一的出版物只有扑克牌，家长还怪孩子不爱看书。"说得虽然夸张了一点，但也真实地反映出家庭的学习氛围对孩子的影响之大。

近年来，教育心理学家对"创建学习型家庭"的倡议声越来越高。学习型家庭中的每个成员都应具有主动学习的意识、良好的学习习惯，这体现在学习书本知识和在实践中学习两方面，成员会将充电学习看作实现自我价值和提高家庭生活质量的方式，而且成员之间积极互动、互学，共同维护家庭中良好的学习风气。

那么，在建立学习型家庭的过程中，家长们具体应该怎么做呢？

1. 加强自身的学习

家长应该做孩子的学习榜样，认识到提高自身的重要性，利用多种途径加强学习，不断提高自身的文化修养，这样虽然不能直接干预孩子，却能潜移默化地影响孩子，使其养成自觉学习的习惯。

2. 追求灵活多变的学习方式

重复枯燥的学习方式容易让孩子厌倦，因此家长不应拘泥于学习的形式，应该多花心思，使学习的形式别出心裁、生动有趣，渗透到生活中。比如，玩成语接龙的游戏，开展家庭知识抢答赛，分享看过的好书，讨论对社会现象或生活中事件的看法等。

3. 合理规划学习时间

随着生活节奏的日益加快，家长们的休闲时间越来越少，所以更要注重合理规划时间，让有限的休闲时间变得更有文化含量。家庭的学习时间分为两类，即个人进修时间和家庭共享时间。家长可以多安排一些家庭共享时间的活动，比如晚餐交流、饭后散步、睡前交谈、亲子阅读等。

4. 提倡成员全方位互相学习

家长学习和孩子学习毫不相关，但是如果家长和孩子能够互相了解学习对方感兴趣的内容，将有助于增进亲子情感交流，也会让彼此更有共同话题。比如，家里给孩子买的书，不管是漫画、童话，还是百科全书，家长都可以拿来看。如果孩子对家长收藏的书感兴趣，也可以邀请孩子一起阅读。

物质奖励会毁了孩子的学习动力

问题36 孩子考试考得好，你会怎么奖励他？

在家长会上，几位家长在互相交流孩子的学习情况时，都不约而同地提到了一个苦恼，即在学习上，孩子竟然开始提条件了。比如"半小时内写完作业，就出去吃肯德基""每天背5个英文单词，坚持1个月，奖励50元""期中考试进入前3名，暑假去青岛旅游"……这个话题普遍引起了家长们的共鸣，大家纷纷感叹："现在孩子好像是在为家长而学习！"

是从什么时候开始，物质奖励和学习挂上钩了呢？

家长们仔细回想一下，第一次开始使用物质奖励，是什么样的情形？有没有可能是，家长看到孩子放学回家不写作业，拖拖拉拉，想起孩子最喜欢吃肯德基，就随口说："快点写完妈妈就带你去吃！"或者，孩子想要一个新的玩具模型，妈妈想起孩子马上要参加考试，就试图激励他："这次考试考得好，爸爸就给你买。"孩子在物质奖励下果然有进步，父母又觉得此方法简单有效，就一直使用下去。直到有一天，孩子开始在学习上凡事都讲条件，似乎家长不给奖励，他们就不会好好学习。这事不能完全怪孩子，他们是被父母的奖励措施带进了"德西效应"里。

心理学家德西讲过一则有趣的寓言故事：一位老人的家门前，每天都有一群调皮的孩子嬉戏玩耍。老人对门前的吵闹声实在无法忍受了，就想出了一个妙招。有一天，他走到孩子们跟前，给了他们每人10美分，微笑着说："我平时的生活实在太无聊了，非常感谢大家在门口玩耍，给我带来了快乐，欢迎继续来这里玩。"孩子们愉快地接受了"酬劳"，果然他们第二天又来了。这次老人面露难色地说："对不起，亲爱的孩子们，我发现家里的储蓄不够了，因此今天只能发给你们每人5美分。"孩子们有些失望，但是也接受了。第三天，老人将"酬劳"降到了2美分，他恳求孩子们不要走，但是孩子们气愤地表示："这么一点钱还想让我们来玩？哼，我们再也不会来了！"

心理学上将这种主观行为的动机从内部意愿转向外部刺激，一旦停止外部刺激，主观行为的动机也减弱甚至消失的现象称为"德西效应"。

家长在学习上使用物质奖励，表面上是为了激发孩子的学习热情，实际上却是在无形之中将孩子学习的动机由"发现乐趣、探索知识"变为"获取物质奖励"，而这无疑会大大削减孩子对学习本身真正的热情。从效果上来看，物质奖励并不能达到持久的效果，心理学上著名的"雷珀实验"有力地证明了这一点。

心理学家雷珀将一些喜欢画画的孩子分成了A、B两组。他向A组的孩子许诺，如果画得好就会得到奖励。他对B组的孩子只是说，很喜欢他们画的画，想欣赏他们的作品。两组孩子最初都很愉快地画画，然后A组的孩子得到了奖品，B组的孩子只是得到了口头上的点评。3个星期以后，A组的孩子对画画的兴趣明显减退，而B组的孩子仍然热情不减。后来，雷珀在不同的国家，针对孩子们不同的爱好，做了多次类似的实验，都得出了相同的结论。

综上所述，持续的物质奖励会毁了孩子的学习动力，并且并不能起到长久激发孩子学习积极性的效果。万一孩子因此养成做任何事都要交换条件的习惯，那就得不偿失了。

看到这里，有的家长可能会问："那就是说物质奖励是完全错误的？孩子表现得好，也不可以给他买礼物吗？"

这里解释一下。孩子年龄小，同时有心理需求和物质需求，家长给予孩子物质上的满足也很有必要，但是要注意以下两点：

1. 物质满足和学习任务是两码事

家长要把物质满足和学习任务区分开来，千万不要常常给二者画上等号，否则就相当于给孩子输入了功利和交换的想法。孩子很单纯，家长跟孩子相处的时候也不要玩这样的"小心机"，切忌在正常的交流中附加任何教育意义。孩子的物质愿望，只要正常合理，满足他就是了，要让孩子明白这是因为父母无条件地爱他，而不是因为他表现得好。

2. 奖励的是过程而非结果

如果家长觉得孩子近段时间学习很辛苦，想在物质上犒赏他一下，也是可以的。但要注意的是，家长在实行犒赏时一定要声明所奖励的是孩子的学习态度而非学习结果，比如，可以说"看你最近学习都累瘦了，想带你出去玩一下"，但不要说"这次你考了前3名，所以可以带你出去玩"。

别让功利性毁了孩子的学习兴趣

问题37 ▶ 孩子爱看闲书，你会干涉吗？

很多家长抱怨说，自己很注重培养孩子的学习兴趣，可孩子学什么都是三分钟热度，没有持久性，并且明明是他自己喜欢的东西，怎么说不喜欢就不喜欢了呢？

小雅从上三年级开始，就变成了一个小书迷，每天放学回家，在书房里一待就是一个小时。妈妈很高兴，连夸"女儿懂事了，爱学习了"。为了让小雅读书不被打扰，妈妈给小雅规定了专门的读书时间，一天两个小时，这段时间爸爸妈妈都不得入内，并且妈妈还特别选购了一批适合小雅阅读的书籍，并定期帮小雅清理她认为没用的书。

这天，小雅发现自己正在看的一本小说找不到了，就问妈妈。妈妈随口说："我帮你收起来了，那种书看了有什么用？对学习又没有什么帮助。"小雅生气地说："您怎么能随便动我的书呢？您一天到晚就知道学习学习学习！"妈妈也不高兴了："妈妈看你喜欢看书，所以特意帮你买了那么多适合你看的书，买回来你也不看，整天就知道看些闲书！"

从这以后，小雅再也不喜欢看书了，特别是妈妈推荐的"有用的"书。

小雅喜欢看书，有了阅读的兴趣，并自发地看书学习，这本来是一件好事，妈妈也很高兴，很支持，但是在妈妈的"支持"下，看书这件事的属性却发生了变化。它由孩子自由决定看书时间变成了妈妈规定每天看书两个小时，由孩子自己选择书的种类变成了妈妈筛选"有用的"书。

学习一定要是"有用的"，这种带着功利性的教育思想，在家长中并不少见。

其实，这种在孩子的学习中尤其是自主兴趣培养中，过多地加入功能性的教育方式，在无形中本末倒置，将"孩子要做什么"变成了"要孩子做什么"，功能取代了兴趣，任务取代了自由，会大大削弱孩子的感性体验和生命主体体验。孩子在这种被动学习中，再也无法体会到来自学习的快乐，原本的兴趣也会降到最低，甚至会由此产生逆反心理，认为自己的爱好不被尊重，被家长当作学习的工具。

孩子对学习天然的热爱就这么被家长剥夺了，多么可惜啊！所以，为了保护孩子的学习兴趣，让他体会到学习的快乐，家长就应该摒弃这种功利性的教育心理。那么家长应该怎样做呢？

1. 不干涉孩子的兴趣爱好

发现孩子对某事物表现出学习兴趣时，家长做一个安静的欣赏者和陪伴者就好，不要对孩子自主选择的内容横加干涉，比如孩子喜欢看图画书，家长想让他多识字就让他看文字书，这样做会削弱孩子看书的兴趣；不要总逼着孩子必须要从学习中掌握什么知识，比如规定任务让孩子写读后感等。

2. 不盲目跟风报班

很多家长从小就给孩子报各种兴趣班，有的甚至同时报了三四个兴趣班，什么热门报什么，什么有用报什么。在兴趣班的选择上，家长应该充分尊重孩子自己的意见，孩子喜欢什么就让他学什么，只有他自己真正感兴趣，才可能被激发出自主学习的热情。

3. 不把兴趣和特长混为一谈

有的家长认为孩子学画画、学钢琴，就应该考级、考证，发展出特长，对未来有帮助，这样才算是有用的，没有白学。比如孩子喜欢画画，家长觉得他没有这方面的天赋，就告诉他"你不适合画画"。其实，即使孩子画得不好，将来在这方面不可能有什么发展，但是他喜欢画画，画画的过程让他投入、快乐，家长为什么要干涉呢？发展兴趣的意义，不就是让他陶冶情操和获取美好的情感体验吗？

让孩子自主安排学习和玩乐的时间

问题38 为什么家长管得松，孩子反而更自觉？

生活中，我们看到很多家长像监工一样盯着孩子学习：制定每日学习任务表，时间精确到分钟；学习任务雷打不动，不完成绝对不准孩子出去玩；一旦发现孩子有拖延、偷懒的行为，就会大发脾气，反复催促。这样做的结果是，孩子累，家长更累。

家长不敢放松，因为怀疑孩子的自觉性："平时盯得那么紧，他都一心想着玩，如果再一放松，他还想得起来学习这件事吗？"

起初，两个孩子的妈妈兰青也这么想。

前两个月，她大病了一场，被病魔打倒在床的她，彻底从一个"严"妈妈变成了"懒"妈妈。她实在无暇去管孩子们的学习，只好放任他们自由玩乐。

可是就在这两个月里，孩子们身上发生了她不敢相信的变化。平时孩子们连吃饭都要三催四请，每天夜里十点才能写完作业的儿子，现在居然乖乖地八点就写完作业，然后去琴房找他姐姐——没有像平常一样捣蛋，而是搬小椅子坐到旁边帮姐姐打拍子。最讨厌练琴的姐姐竟然在没有妈妈监督的情况下，自己学会了几首新的曲子。

为什么妈妈管得松了，孩子们反而变得自觉了呢？

有教育心理学家指出，一个孩子，首先必须是自由的人，他才有可能成为自觉的人。

如果孩子的学习时间和计划一直由家长控制，那么他就不可能发展出自身真正的计划力和执行力。相反，他的心里只有服从、叛逆或无力感。

家长对孩子的学习管理从"紧"到"松"，表面上只是改变了管理的力度，其背后却是教育思路的彻底大改变：家长的角色由"监督者"和"控制者"，变成了"欣赏者"和"等待者"。家长赋予孩子信任，以及自主管理的权力，这会唤起孩子内心深处的被尊重感和自我责任感。

自由的环境会催生孩子自主学习的热情，一般来说，孩子越自由，他学习就越自觉。生活中那些在学习中自觉、自律、效率高，能很好地安排学习和玩乐时间的孩子，在家庭教育中都得到了足够的自由，这就是教育中适当放手的魅力，家长越不操心，孩子就越不让人操心。但是，孩子毕竟是孩子，在他的自我管理能力尚不完善的时候，家长的放手要循序渐进，给孩子自由的同时，应加以潜移默化地引导。具体可以从以下几个方面着手：

1. 引导孩子自己制定学习时间表

学习时间表的制定非常有必要，它能够让孩子对任务一目了然，合理地分配和运用时间，了解自己的效率。在这个过程中，家长还可以让孩子自己决定学习和玩乐的顺序，但是为了保证孩子作息的规律，以及加强孩子的时间观念，家长可以给出"结束时间"上的限制，比如"在十点之前写完作业睡觉"。

2. 教孩子分清任务主次

孩子如果对任务的重要性分辨不清，就容易出现该学习的时候跑去玩，该玩的时候又惦记着作业没写完，做事三心二意，学没学好，玩也没玩好的情况。家长应教孩子辨别任务的轻重缓急，比如第二天就要交的作业，应一口气写完，等写完了有空余时间再休息。如果是下个月才考试，这周末想放松一下，就尽量去玩耍放松，不要总是惦记复习的事。

3. 让孩子自己承担责任

责任感是自我管理能力的前提，孩子有了对自己的行为负责的意识，才会更加自律，合理约束自己。所以，在孩子懒惰、懈怠的时候，家长不要过多地催促、指责，应该让孩子自己承担后果。比如贪玩没写作业，家长不用逼着他写完，只是提醒他"你不写也可以，但明天会被老师批评哦"，让孩子知道学习是他自己的事情，而不是家长的事情。

第八章
"宝贝，不怕"——孩子的勇气
教育要慢慢来

孩子天生就是冒险家，勇气让他们自由自在，手脚不被束缚，满怀憧憬，毫无畏惧地奔向理想和幸福的远方。

"吓唬教育"请适可而止

问题39 生活中，你见过大人吓唬孩子吗？大人和孩子当时的反应分别是怎样的？

在一列火车上，一个4岁左右的小女孩哭个不停。奶奶指着窗外站岗的警察，对她说："不许哭了，再哭警察叔叔要过来打你，你看到那根大棍子了没有？"小女孩吓得使劲往奶奶怀里钻。中午小女孩不好好吃饭，奶奶又说："不吃饭的小孩要被大灰狼抓走啦！"小女孩一边乖乖吃饭，一边东张西望，好像大灰狼真的在附近一样。

房间里，孩子不肯乖乖睡觉，妈妈说："快点把眼睛闭上，待会儿有妖怪专门来抓不睡觉的小孩！"

爸爸怕孩子碰家里的电开关，就说："这里不能碰，一碰手就会掉下来！"

孩子耍赖要买东西，妈妈严厉地说："快走，不然妈妈就把你一个人丢在这里！"

生活中，以上场景我们再熟悉不过。家长喜欢描述可怕的事物来吓唬孩子，以便让他们听话，大概是因为这种方式简单有效，确实能"镇住"孩子，尤其是年龄较小的孩子。可是这种方式对孩子身心健康的危害之大，大概是很多家长没有想到的。

从心理学角度分析，吓唬孩子对其造成的危害主要体现在以下4个方面：

1. 使孩子对某些事物产生错误观念，真假不分

孩子的知识储备尚浅，对事物没有分辨能力，如果家长常提起"鬼怪"，他就会以为世上真的有鬼，由此产生莫名的恐惧心理；如果家长总是说"叫警察把你抓走"，他就会以为警察是可怕的人，即使遇到危险也不敢向警察求助。

2. 使孩子遭受精神损伤

孩子年龄小，神经系统比较脆弱，吓唬对家长来说可能只是一个玩笑，而对孩子来说却是一种强刺激，会使孩子在过分紧张的状态下受到精神损伤，严重者甚至发生精神分裂，轻者也会形成恶性的条件反射。比如家长总是拿"不然医生要来打针"吓唬孩子，孩子以后一见到穿白衣服的人就哭喊"我不要打针"，长此以往易形成病态人格。此外，孩子宣泄紧

张情绪的机能尚不完善，无法排解的恐惧感会引发遗尿、做噩梦等症状。

3. 使孩子胆小、懦弱

孩子正处在好奇心旺盛，对任何新鲜事物都积极探索的时期，如果他稍微"出格"的举动总是受到家长的恐吓和制止，比如，他在游戏中受了伤，即使只是擦破了一点皮，父母也会大惊小怪，说"有个小朋友玩这个把腿摔断了"，这样孩子虽然会因为害怕而远离游戏，但是日后他也会变得胆小、懦弱，对什么都不敢尝试。

4. 使孩子缺乏安全感，极度害怕与家长分离

安全感是孩子身心健康发展的基础，他会本能地从最亲密的父母这里获取所需的安全感。如果家长总是以"妈妈不要你了""会把你一个人丢在这里"等来恐吓孩子，孩子就会极度缺乏安全感，出现即使父母只是短暂地离开，也惊恐不止的情形，严重的会以为父母不爱自己，从而产生自卑的心理。

综上所述，为了让孩子保持身心健康，家长在生活中不可总吓唬孩子，更切忌把"吓唬教育"作为一种常用的教育手段。孩子越吓越恐惧，越吓越胆小，家长以为吓走的是他的不良行为，其实吓走的是他的勇气、探索欲和安全感。家长如果希望孩子听话，或者不希望孩子去做某事，就应该明确地告诉他，跟他讲道理，多花一些耐心，这样总会找到比吓唬更有效的方法。

孩子胆小，全因家长的过度保护

问题40 为什么孩子越长大越胆小？

当过父母的人都有这样的体验：孩子小的时候，简直像个小勇士、小探险家一样，多高的地方都敢往上爬，什么小动物都不怕，大人"举高高"，越高他越开心，把活蹦乱跳的大螃蟹放在他面前，他还伸出手去摸。孩子长大了，胆子反而变小了，怕高、怕摔跤、怕小狗狗……

为什么孩子越长大越胆小了呢？很多时候，是因为家长的过度保护。

芊芊是家里的千金宝贝，家人对她的照顾可以说是无微不至，特别是爷爷、奶奶，围着她团团转，生怕她磕着、碰着，只要发现她做出一点点冒险的行为，就会立刻阻止。"太高了，快下来！""那里有水，路滑，危险！"芊芊都10岁了，别的孩子早就玩得很熟练的溜冰、骑自行车，她却都还不会。

暑假，全家人一起去水上游乐场玩，儿童区域的水很浅，很多孩子在那边嬉戏玩耍。芊芊也有点想玩，爸爸就拿着早就帮她准备好的很安全的像小船一样的游泳圈，扶着她坐上去，一小步一小步地把"小船"推到泳池中间，但是芊芊始终非常害怕，不敢放开爸爸的手。爸爸说："我在旁边保护着你呢，你放手试试，很好玩的。"谁知芊芊一听爸爸这么说，竟然吓得大哭起来，死死地抓着爸爸的手，大叫道："爸爸，您别松手，我害怕！"

上面的例子里，芊芊正是在家人对其"冒险"行为的一次次阻拦中，一句句"太高了""危险"的警告中，变得越来越胆小，对什么都不敢尝试的。

有研究表明，孩子胆小并不是天生的，婴儿是没有害怕的概念的。随着认知能力的不断提高，孩子逐渐从大人的态度里了解到某些事物是"可怕"的。这种态度可以直接通过语言体现出来，如家长说"别动""危险"；也可以通过神态、肢体动作体现出来，如家长见到某事物就露出惊惧的神色，或将孩子抱紧。大人每一次对待"可怕"事物的表现，都会强化孩子对该事物的认知，加深他内心的恐惧感。

家长出于爱护孩子的心理，提高安全意识无可厚非，但是对孩子的过度保护，不但加深了孩子的恐惧感，而且也否定孩子的能力，剥夺了孩子锻炼的机会。由于习惯了家长的保护，孩子会变得柔弱、胆小，不敢挑战新事物，甚至导致孩子产生"无能"的自我评价。

所以，想要培养出自信、勇敢的孩子，家长就要收起自己的过分紧张和担心，不要用过度保护来束缚孩子天生爱探索的手脚。家长可以从以下几个方面去做：

1. 不对孩子强调事物的可怕

家长在生活中要审视自己的言行，当遇到某些平常事物或并不严重的状况，又想冲到孩子面前保护时，尽量做到镇定自若、不慌不忙，不大惊小怪，不说"危险""不怕"之类的词语。

2. 对孩子的探索后果表示淡定

孩子处在探索和好动的年龄，磕磕碰碰是难免的。哪有孩子不摔跤就能学会走路的呢？所以，孩子如果在活动中擦破了一点皮，受了一点小伤，家长在表达关心的时候，千万不要表现得大惊小怪，比如立刻冲过去说"特别痛吧，宝贝，妈妈给吹吹""哎哟，妈妈心疼死了"，这会让孩子觉得受伤是特别严重的事情，在以后的探索中会变得畏畏缩缩。

3. 教给孩子安全防护措施

家长不可能做到对孩子寸步不离，与其处处盯着孩子，不如教给他必要的安全防护措施。家长要相信孩子的自我保护能力，并把这种信任感传达给孩子，这会让孩子更有自信和勇气。

别小看"贴标签效应"

问题41 你有没有因为孩子认生、胆怯而批评他呢？

早上，姥姥带着萱萱买菜回来，正好碰到邻居王奶奶在楼下晒太阳。姥姥热情地跟王奶奶打招呼，王奶奶掏出棒棒糖给萱萱，萱萱往姥姥身后直躲。姥姥皱皱眉头，对萱萱说："这孩子也不知道叫人，快喊王奶奶呀！"萱萱咬着嘴唇不说话。姥姥不好意思地向王奶奶解释："我这外孙女，从小就胆小，怎么说她都没用。"

萱萱的认生、胆小，没少让姥姥操心。姥姥带着她，都没办法跟别的老人一起待着。因为别人家的孩子都活泼、大胆，见人就乐，还会主动伸手让人抱，而萱萱呢，别人一逗她就哭，使劲往姥姥怀里钻。

每当这时候，老人们就你一言我一语地说："你外孙女胆子有点小啊，这不行，得多锻炼！""我孙子可调皮了，到哪儿跟人都自来熟！"

姥姥连连点头，说："是啊，她这也不知道随谁，我们家没有胆小的！""她要是像你孙子那样就好了，多招人喜欢呀！"萱萱呢，就在一旁听着，小脸都红了，拉着姥姥的衣角想快点离开。

萱萱有点让人心疼，认生、胆小本来不是什么大问题，而姥姥却把这当作一个缺点和错误来反复批评她，还常常当着众人的面批评她，这会给她带来多大的心理压力啊。姥姥一定没有意识到，萱萱的胆小很大一部分是她造成的，她越批评，萱萱就会越像她所批评的那样，这是心理学中的"贴标签效应"。

在孩子的成长过程中，社会评价和心理暗示对他的影响非常大，而家长是他最亲密和信任的人，所以家长的评价就显得尤为重要。

家长对孩子做出好的或坏的评价，就像给孩子贴上了相应的标签，孩子也会做出自我印象管理，使自己的行为与该标签上的描述一致，这种现象在心理学上被称为"贴标签效应"。之所以出现这种现象，是因为"标签"有着内在的定性导向作用，对孩子的个性意识以及自我认知都有着巨大的影响，给一个孩子"贴标签"，会使他在潜意识的作用下向标签描述的形象无限靠近，反过来又让贴标签的家长验证了自己的评价，从而对此更加深信不疑。

有一位育儿专家曾说："想毁掉一个孩子太容易了，贴张标签就够了。"所以，家长一定不要小看"贴标签效应"的威力，给孩子贴上"胆小"的标签，他就会在心里认同自己是个胆小鬼，并真的"如你所愿"，变成胆小、怯懦又不自信的人。

不过，凡事都有两面性，既然负面标签会毁了孩子，那为什么不试着给孩子贴正面标签呢？

看看下面这位家长是怎么做的。

幼儿园举办亲子活动，婷婷妈妈也参加了，她坐在旁边微笑着欣赏婷婷的表现。老师第一次分发玩具的时候，孩子们都一哄而上去抢，婷婷不敢上去，显得有点害怕。她看向妈妈，妈妈说："宝贝，加油！"第二次，婷婷向前跑去，中途被人撞了一下，又退了回来。她沮丧地说："妈妈，我还是不敢。"妈妈摸摸她的头，说："妈妈注意到你比上次多跑了那么远，我们婷婷很勇敢啊！"婷婷眼睛亮亮的，高兴地说："真的吗？"第三次，婷婷真的勇敢地拿到了玩具，妈妈拥抱了她，说："宝贝真棒！"

像婷婷妈妈一样，如果家长希望孩子更有勇气，就应该在他胆怯的时候温柔地鼓励他，并细心地观察他，发现他有一点进步，就及时地进行表扬，用"勇敢""真棒"这样的正面评价，给孩子积极的心理暗示，强化他的勇敢行为，增强他的自信和成就感。孩子越批评越胆小，越表扬越勇敢，家长有意识地这样去表扬孩子，很快就能看到孩子的改变。

当心"恐惧环境训练"练出"习得性无助"

问题42 你家孩子是从多大开始单独睡觉的？当时他害怕吗？

有些家长认为孩子的胆子是练出来的，孩子胆小是因为大人太温柔，舍不得训练他，他害怕什么，就放手让他自己去锻炼一下，习惯了就不会再怕了。真的是这样吗？

晴晴妈妈和朋友聊天的时候，了解到朋友家的孩子从2岁开始就自己单独睡觉了，想到晴晴都3岁了，还是赖着和自己一起睡，晴晴妈妈决定立刻开始对她进行分床训练。

训练开始的前3天，晴晴哭闹个不停，妈妈刚把她送到自己的房间，没过一会儿她就抱着枕头跑出来，可怜巴巴地对妈妈说："妈妈，我怕黑，我想跟您一起睡。"妈妈想：不能心软，孩子最初和父母分床睡肯定都要哭闹几天，让她适应一下就好了。于是，果断地拒绝了晴晴："你要勇敢一点，跟你一样大的孩子早就自己睡了。"说完，就又把晴晴送回自己的房间，盖好被子，关上灯，狠狠心出去了。

这样坚持了一周，晴晴好像能适应自己睡觉了，不再哭闹，也不再跟妈妈耍赖要求一起睡。妈妈很欣慰，觉得自己的分床训练很有效果。可是晴晴接下来的反常行为，却让妈妈后悔不已。

晴晴不如以前活泼开朗了，反而显出心事重重的样子，尤其是夜晚来临时，她一张小脸总是紧绷绷的，在客厅里故意磨蹭到很晚，明明很困了也不肯回房间睡觉。好几个晚上，她都从睡梦中哭着醒过来。还有，她以前不关灯睡不着，现在却等妈妈离开以后又悄悄地把灯打开，还会把窗帘关得严严实实的。

妈妈觉得是自己忽略了晴晴的感受，不应该用这么狠心的方式逼她变得勇敢，于是放弃了分床训练，晚上把晴晴温柔地拥在怀里睡觉。晴晴睡得又香又甜，渐渐地又恢复了往日的活泼开朗。

和晴晴怕黑、怕单独睡觉一样，每个孩子在成长的过程中，都会遇到自己害怕的事情。当孩子向家长表达恐惧，提出需求的时候，有的父母却为了让孩子尽快变得勇敢，坚定地拒绝了他的要求，并强制把孩子放到他所害怕的环境中训练胆量。家长这样做，等于逼着孩子勇敢，也许这样做确实能收到一些表面的成效，孩子适应了，不再说怕了，可那只是"习得性无助"心理下产生的冷漠和伪装反应。

"习得性无助"最早是由美国心理学家塞利格曼提出的概念，这起源于他做的一个动物实验：把狗关在笼子里，音器一响，就对狗进行电击，狗奋力逃跑却无法逃出笼子。像这样多次操作以后，再打开笼门，狗却不逃跑了，而是等在原地呻吟、颤抖，等待电击来临。

心理学家后来证明，这种现象在人身上也会发生，当一个人意识到自己的行动得不到回应，无法改变现状时，就会陷入无能为力、自暴自弃的状态，内心弥散着无助感和抑郁感。

想象一下，一个恐惧黑暗的孩子，却被独自关在黑暗的房间，大声哭喊也无法得到父母的回应，他纯真而幼小的心灵该有多么绝望！孩子如果在生命的早期就有过类似的"习得性无助"的体验，尤其这种体验还是他最爱和最信任的父母给予的，就会严重影响他内心安全感的建立。一个没有安全感的孩子，又怎么可能做到真正的勇敢呢？

家长希望培养孩子的勇气，原本出发点是好的，但是这种环境训练法明显是操之过急了，它看重"事"，却忽略了"心"，强调成效和时间，却忽略了孩子的承受能力和情感需求。孩子的勇气教育，可以慢一些，而且一定要建立在给予充分的爱和安全感的基础之上。家长具体可以怎么做呢？

1. 分解任务难度

孩子害怕某事物，家长就不要勉强他接受和面对，可以试着从类似的但令他恐惧程度较轻的事物入手，循序渐进地进行。比如，孩子不敢玩很高的滑梯，家长可以让他试着从中间或者更矮的地方往下滑，等到孩子适应了再逐渐增加高度；孩子怕黑，家长可以在他睡觉时在房间里留一盏小台灯，等到孩子适应了再将台灯慢慢调暗。

2. 强调父母的守护

父母对孩子来说，是"安全岛"一样的存在，父母的守护，对孩子来说是莫大的支持。接着用上面的例子，孩子坐在滑梯顶端，犹豫着不敢下来，这时如果爸爸蹲在滑梯的底端，张开双手说"来，爸爸接住你"，孩子就会心情愉快，更有勇气冲下来；孩子不敢自己睡觉，这时如果妈妈握着他的手说"等你睡着了妈妈再走"，他就会安心很多，不再恐惧妈妈的突然离开。

帮孩子赶走怯场心理

问题43 你的孩子害怕在人多的场合讲话吗？

课堂上不敢举手发言，上台表演节目会紧张、表现失误，家里来了不熟悉的客人就躲在房间里不出来……孩子的这些怯场行为在生活中特别普遍。

那么，造成孩子怯场心理的根本原因是什么呢？主要有以下3种：

1. 超出心理舒适区

孩子不习惯在人前展示自己，他习惯了和同伴一对一地聊天，突然要在很多人面前讲话，这就超出了他的心理舒适区，造成了恐惧感和焦虑感。

2. 不自信

孩子不认可自己的能力，生怕出错、出糗，在众人面前发言或表演的时候，他总是在心里审视自己的语气、仪态等，反而导致无法专心，表现失误。

3. 担心负面评价

过分在意他人的评价，会严重影响孩子的表现。他会不敢看现场人的表情，万一他感受到别人的反应冷淡，或者现场气氛尴尬，就会认为自己不被认可，变得更加紧张。这反而使他在整个过程中显得眼神闪躲、畏畏缩缩。

怯场会让孩子在事前紧张、恐惧："怎么办，待会儿我肯定不行！"在事后难过、沮丧："如果我当时不紧张，一定可以表现得更好。"孩子都会羡慕那些在公共场合依然镇定自如、活泼大胆的小伙伴。那么，家长该如何帮助他们成为在公共场合落落大方的孩子呢？看下面的例子。

学校要举行演讲比赛，旭旭语文成绩好，老师就推荐他去参加。这可把旭旭紧张坏了，平时他还算口齿伶俐的，可是最怕在人多的场合讲话。一想起到时候台下有几百人观看，旭旭在家念稿的时候，就有点结结巴巴。

爸爸妈妈看出了旭旭的心事，决定帮帮他。他们陪旭旭准备讲稿，充当他的忠实听众，并录下视频，和旭旭一起观看，认真点评旭旭的表现。等到旭旭能大方流利地在爸爸妈妈面前演讲以后，他们就为他准备了一场"模拟演讲"。

爸爸妈妈邀请了一些同事和他们的孩子来家里做客，充当听众，并把家里的桌椅简单摆了一下，给旭旭搭了个"演讲台"出来。旭旭的精彩表现获得了大家的阵阵掌声，旭旭开心极了。

正式比赛的时候，台下坐着几百人，旭旭却发现自己没有想象中那么紧张了。讲稿早就烂熟于心，他回忆着自己在模拟演讲时的表现，内心充满了自信。比赛中，旭旭发挥稳定，流利的口才和镇定自若的现场表现赢得了评委的一致好评。

多亏爸爸妈妈的精心安排，旭旭终于克服怯场心理，成功挑战了自己，并拥有了一次美好的体验。获得真实美好的体验，永远是克服恐惧最好最有效的方法。

家长们也可以学习这种方法，陪孩子多做场景模拟，让他害怕的场景变得熟悉，越熟悉他就会觉得越安全、越放松。在场景模拟的过程中，家长还要注意以下两点：

1. 做足充分准备

孩子紧张很多时候是因为准备不足，对场景的熟悉程度不够，尤其是遇到突发状况，就更容易慌乱。所以，充分的准备工作就显得尤其重要。比如，孩子害怕上台讲话，家长可以引导他对着镜子训练仪态，直到他大方得体、信心满满，还可以坐在他对面扮演听众，提一些有难度的问题。

2. 多给正面评价

为了帮孩子获得美好体验，从而建立起信心和增加勇气，家长应多模拟正面评价。比如，孩子害怕家里来陌生的客人，家长可以扮演客人，引导孩子跟客人打招呼、拿零食、倒水，当孩子做出相应举动的时候，家长应热情地给出正面评价："这么小就会帮爸爸妈妈做事了，真乖！""阿姨喜欢你，下次去阿姨家里做客好吗？"

发挥"榜样效应"，做孩子的勇气偶像

问题44 你是孩子心中的偶像吗？

星星长得瘦瘦小小、白白净净的，班上的大个子男生球球总是欺负他。球球常常拿走星星的零食、零花钱，让星星帮他写作业，要是星星敢向老师告状，球球就堵在放学的路上威胁星星说要揍他。

听完星星的描述，妈妈气不打一处来，说自己必须得去学校为儿子出头。

爸爸说："要想星星不被欺负，就要让他自己鼓起勇气，我有个办法。"

第二天，爸爸给星星报名参加了小区里的儿童跆拳道训练班。爸爸第一天带他去上课的时候，星星抓着爸爸的衣角，有点紧张，但是爸爸看得出他很兴奋。

身材高大的教练走过来，拍拍星星的肩膀说："小伙子，从今天起你就是一名跆拳道运动员了。一名合格的运动员应该是勇敢无畏的，我第一眼看到你，就觉得你一定能做到！"

星星点点头，说："嗯！"

回家的路上，星星已经变成了教练的小粉丝，叽叽喳喳地对着爸爸说个不停："爸爸，教练的手臂可真粗啊，您看到他打练习用的木板了吗？木板都碎了，教练真是太厉害了！"

上了两个月的课以后，星星的身体变强壮了，令爸爸妈妈惊喜的是，他的胆子也变大了。

妈妈逗他："现在球球还欺负你吗？"

星星说："没有了，那天他又堵在路上，我开始有点害怕，但是一想到教练，我就不怕了。我握紧了拳头说，'我是个勇敢的跆拳道运动员，我才不怕你呢！'后来他再没有欺负我了，只是喜欢叫我'运动员'。"

教练高大、强壮，充满力量感的形象，让星星喜爱、崇拜，把他视为自己的勇气偶像和努力学习的榜样，教练的一言一行，都激发出星星内心的勇气，并在关键时刻帮他赶走恐惧。教练对星星的影响这么大，是源于心理学上的"榜样效应"。

具有代表性的先进人物，会成为人们学习的榜样，在榜样的激励下，人们的思想、行为都会朝着积极的方向转变，有意识地做出形象管理，将自己的言行向榜样靠拢，这种现象称为"榜样效应"。

榜样效应对孩子的成长有着非常积极的促进作用。孩子年龄尚小，对自我的认知还没有形成思维定式，很容易动摇，不清楚自己是什么样的人，也不知道自己想要成为什么样的人，所以，他们缺乏做出形象转变的动机和方向。这时候，想让孩子建立起自信、乐观、勇敢的形象，最好的办法就是，根据孩子的个性特点，帮他找到适合的榜样。

那么，要想让孩子主动自发地建立勇敢的形象，家长应该怎样做呢？

1. 从自己做起，做勇敢的父母

父母永远是孩子的第一任偶像，特别是强壮有力、镇定、勇敢的爸爸，会给孩子带来无与伦比的安全感和自豪感。

2. 给孩子讲名人的勇气故事

古今中外有很多令人钦佩的名人，他们勇敢向前，即使在强大的对手面前也从不胆怯、示弱，家长可以多给孩子讲这些名人的故事。

3. 带孩子接触和了解生活中有力量感的人

如我们上面提到的跆拳道教练，就属于生活中有力量感的人，带孩子近距离地接触这类人，会让孩子对勇气有更真实和震撼的体验。

4. 鼓励孩子多交勇敢的朋友

同龄人各方面能力相当，学习和模仿起来更容易。家长可以鼓励孩子多交这样的朋友，在朝夕相处中孩子会受到朋友的积极影响。

第九章
恰到好处的挫折教育，培养孩子乐观、阳光好心态

积极乐观的好心态，能让孩子即使身处逆境，也能保持开朗阳光的笑容，并信心满满，随时准备从头再来。

从婴儿期开始，做孩子的幽默感训练师

问题45 孩子常常被你的什么行为逗乐？

篮球赛中场休息时间，小宇他们队由于上半场落后15分，所以大家心情都不好，低着头不说话。

教练给他们打气，说："没关系，下半场大家再好好调整一下，一定能把比分追回来。"教练的话一点也没有鼓励到大家，同学们还是闷闷不乐的，有的人小声嘀咕着："哪有那么容易啊……"

这时，个性幽默的小宇突然蹦出一句："天空飘过五个字——那都不是事！"休息室内安静的气氛一下被打破了，同学们被他这句话逗乐了。小宇做了个耍帅的姿势，接着说："还有我这个天才投手呢，放心吧，下半场我带着全队分分钟赶超他们！"

队长笑他："就你还带领全队，队长在这儿呢！"同学们被轻松的气

氛感染，也很快恢复了活力。接着，他们认真听取教练的战术分析，在下半场沉着应战，不急不躁，找到对方的弱点就进行全面反击，最后获得了比赛的胜利。

小宇一句幽默、逗趣的话就活跃了现场的气氛，让大家重新恢复士气，看到了比赛的希望。相信每位家长都希望自己的孩子成为"开心果"，走到哪里都能带来欢乐的气氛，更重要的是，不论身处顺境还是逆境，都能保持内心的自信和希望。因此，幽默感的培养，在当代教育观念中被广泛重视。

在积极心理学中，幽默感是"超越自我"的重要品质之一，它可以增强人的意志力，让生命更加富有意义感。幽默感可以舒缓孩子的紧张情绪，带给他喜悦和希望；幽默感可以让孩子积极地面对困难与挫折，用乐观的心态看待一切。

很多家长认为幽默感是天生的，自己的孩子可能没有"幽默细胞"，其实不是这样的。幽默感30%来自孩子先天的性格，而70%则来自后天的环境影响。也就是说，孩子的幽默感完全是可以通过后天培养的。在国外，很多父母在宝宝出生才6周时，就开始对他们进行特殊的"早期幽默感训练"。举一个典型的例子，爸爸抱着孩子做"下坠"动作时，孩子意识到爸爸是在逗自己玩，小脸上会出现愉悦的笑容，并发出"咯咯"的笑声，这就是比较简单的训练方式。在这样的过程中，孩子形成了生命初期的幽默感。

你也会常常这么逗孩子玩吗？回想一下，在平时的亲子互动中，你的哪些举动让他发出快乐的笑声？而孩子的哪些逗趣语言和行为，又引得你乐不可支？如果这样的回忆有很多，代表你是个合格的幽默感训练师；如果不是，就从现在开始学习训练方法吧。

孩子在不同的年龄段对幽默的感知是不一样的，家长要注意按年龄特点来进行训练。

1. 婴儿期

孩子在婴儿时期，喜欢表情和亲密行为上的幽默。如果父母常常保持笑容，孩子就会将其刻在脑海里，在遇到事情的时候同样面带笑容，这是孩子幽默感的起源。在该时期，父母应多对孩子露出笑容，并和孩子亲密互动，比如挠挠小肚子、举高高等。

2. 幼儿期

孩子在幼儿时期，更喜欢肢体动作上的幽默，尤其是像"跳出来吓你一跳"这种含有"惊喜"元素的行为。随着语言能力的迅速发展，孩子会觉得有韵律的词很有趣。该时期的孩子乐于主动逗父母发笑，比如做鬼脸或恶作剧，然后和父母一起开怀大笑。如果父母发现孩子有这种行为，一定要配合他，被他成功逗笑；如果家长对此反应冷淡，就会打击孩子发展自身幽默感的积极性。

3. 学龄前期

学龄前儿童喜欢在图画中寻找乐趣，特别是图画和声音相结合时，他们更容易发现幽默元素。由于接触的同伴变多，他们开始享受社交中的乐趣，其社交方面的幽默感也得以慢慢增强。他们会和同伴交流动画片中有趣的情节，或者模仿搞笑的动画人物。父母在该时期可以陪孩子读趣味性强的绘本或看搞笑的动画片，并和孩子一起讨论、模仿其中的幽默卡通形象。

4. 学龄期

由于语言能力的提高，学龄期儿童开始对幽默语言感兴趣。他们喜欢玩词语游戏，并开始给别人讲自己听过的笑话。再大一些，他们甚至开始自创新词，让语言变得丰富有趣。父母在该时期可以帮助孩子提高阅读量，掌握更多的知识，并且尽可能给孩子提供更多的分享知识的机会，训练他们的表达能力。在分享知识的过程中，孩子能逐渐提高幽默地向他人表述事情的能力。

神奇的"快乐激素"——内啡肽

问题46
你的孩子有运动的习惯吗？一周的运动时长大概是多少？

　　说起畅畅和足球的缘分，还要从转学说起。念小学四年级的时候，畅畅被爸爸妈妈送到了市里的重点小学。畅畅在原来的学校的成绩名列前茅，加上他个性活泼，所以深受老师和同学们喜欢，可是到了新的学校却成绩平平，班上多的是比他优秀的同学，几个月下来他也没有交到什么好朋友。巨大的落差让畅畅变得不自信，沉默寡言，回到家就把自己关在房间，也不爱出门。

　　爸爸发现了畅畅的变化，他决定想办法多带孩子出门透透气。于是，在畅畅生日的时候，爸爸送给他一个漂亮的足球。畅畅收到礼物很高兴，就跟着爸爸一起出门踢球，没想到，这一踢就踢出个小小足球迷，从此放学后踢球就成了父子俩的日常必备项目。每次踢球的时候，吹着凉风，看着夜景，酣畅淋漓地跑出一身汗，畅畅就忘记了在学校的所有烦恼，他的球技也越来越好。

　　爱上足球以后，畅畅有时候也和班上的男生一起踢。运动，永远是男孩子们培养友谊最快的方式。进球的时候，他们击掌互相鼓励；考试没考好，放学后踢一场球，就把沮丧都抛在脑后；踢累了，一起躺在草坪上聊天、喝饮料。畅畅有了自己的好朋友，在他们的帮助下，畅畅的学习状态也稳步提升，过去那个充满活力的畅畅又回来了。

　　爸爸的方法很奏效，畅畅在踢球的时候忘记了所有的烦恼。相信很多大人都有这样的感受：压力大或情绪低落的时候，去户外晨跑、去游泳，或是去健身房的器械上流一身汗，就感觉心情好多了，整个人也放

松了下来。孩子也是这样，运动会让他们更快乐，尤其在遇到挫折，心情不好的时候，运动会让他们忘记烦恼，重新振作。心理学研究显示，对于12岁以下的孩子来说，最能让他们绽放活力和充满正能量的，就是与肢体相关的运动了。

运动为什么会有这么神奇的魔力呢？

运动的时候更快乐，只是我们的心理作用吗？其实不然，这是一种生理反应。生理学家经研究发现，人在运动的时候，大脑中会分泌一种名叫"内啡肽"的物质。内啡肽又被称为"快乐激素""年轻激素"，因为它能够让人重新振作、心情愉悦，并有效缓解抑郁、焦虑等消极情绪，但是内啡肽不是人们一运动就能马上产生的，做中等偏上的运动坚持半小时以上，才能促使大脑分泌该"快乐激素"。

运动不仅能够强身健体，还能缓解紧张、抑郁的情绪，让人保持乐观开朗的心境。

为了让孩子拥有乐观开朗的心境，在挫折面前能迅速恢复满满的活力，家长就应该有意识地多给孩子创造运动的机会，让他们养成积极运动的好习惯。家长可以参考下面几点建议。

1. 限制孩子玩电子产品的时间

据统计，当代儿童每天平均花在电视、电脑、手机等电子产品上的时间竟多达7小时。美国儿科学会向家长建议，控制孩子每天花在电子产品上的时间，最多不要超过2小时，让他将多余的时间花在运动和其他活动上。

2. 帮孩子找到他喜欢的运动方式

家长应根据孩子的年龄、爱好、能力等方面的特点，让孩子多尝试不同类型的运动，直至找到他喜欢的运动方式。

3. 带孩子观看职业比赛

激烈的比赛和职业运动员的精彩表现，往往能激发孩子的兴趣，让他发自内心地想要去尝试该项运动。运动员奋勇拼搏永不放弃的运动精神，也会感染孩子，让他鼓起战胜困难的勇气。

4. 不拘运动的地点和方式

运动的习惯可以在生活的细节中培养，不用拘泥于固定的场所和方式，比如，在家转呼啦圈，在小区里的运动器械上拉伸四肢，这些都可以潜移默化地促进孩子养成自觉运动的好习惯。

5. 多陪孩子一起运动

家长是孩子的榜样，孩子也本能地喜欢和家长一起参与活动，并得到家长的关注。陪孩子跑步、打球，做亲子运动游戏等，都是不错的选择。

不要无条件地满足孩子

问题47 ——孩子提出任性的要求，你一般怎么回答他?

很多家长尤其是家里的老人，过于宠爱孩子，他们基本把"让孩子高兴，让孩子不哭"作为养育的终极目标，对于孩子提出的各种无理需求都无条件地满足，舍不得孩子吃一点苦，更别说受一点挫折了。

小明放学了，等在学校门口多时的爷爷奶奶赶紧迎上去，一个替宝贝孙子背书包，一个递上热乎乎的烤香肠。

小明耷拉着脑袋，说："奶奶，我不想吃。"

奶奶问："宝贝，怎么了? 谁惹我的大孙子不高兴了?"

小明沮丧地说："今天班上发大红花，一半的小朋友都拿到了，我却没有。"

奶奶松了口气，说："我当什么大不了的呢，不就是一朵大红花嘛，奶奶晚上回去给你缝一朵，比他们的都大，好不好？"

小明嘟着嘴，说："不好，不好！我就要老师发的大红花！"

爷爷赶紧哄他："那咱们就让老师再给你发一朵，爷爷明天就去找老师！"

小明这才笑了，拉着爷爷的手使劲摇："爷爷，真的吗？我就知道爷爷对我最好了！"

第二天，爷爷奶奶真的去幼儿园找了老师，质问自己的孙子为什么没有得到大红花。老师耐心解释，说小明不爱惜班里的玩具，摔坏了好几个，所以没有得到大红花。爷爷奶奶不肯罢休，软磨硬泡，问是不是赔了损坏玩具的钱就可以补发。老师特别无奈，最后没有收他们的钱，还是给了他们一朵大红花。

小明虽然年龄还小，爷爷奶奶帮他要大红花这件事情也很小，但是这种家庭教育模式中潜在的隐患，是足以引起我们重视和深思的。这让我们联想到近年来的一些新闻报道中，孩子因为和父母吵架就离家出走，学生因为被老师批评了几句就心怀恨意，或者因为高考失利就产生了轻生的念头，此类事件层出不穷。社会上对这些表面光鲜亮丽，却承受不起挫折，一碰即破的孩子，还有个专门的形容词——"草莓族"。"草莓族"的抗挫折能力如此之差，背后的原因就是家长的过分宠爱和无条件满足。

如果家长对孩子百依百顺、有求必应，毫无原则地满足孩子的所有要求，孩子的欲望就会不断膨胀，在头脑中形成"我要什么都能得到""别人都应该满足我的要求"的思维定式。长此以往，孩子就容易形成骄纵任性的毛病，凡事以自己的感受为中心，不能受一点点委屈，抗挫折能力极弱，长大以后更是受一点点打击就一蹶不振。

因此，在家庭教育中，父母一定要掌握好孩子的要求和自己的给予之间的平衡。既不能无条件地满足孩子，又不想让孩子失望，那么，鼓励孩子通过自身的努力去满足愿望，才是理智的，真正对孩子成长有益的做法。那么家长具体应该怎么做呢？

1. 不让孩子轻易尝到甜头

孩子提出不合理的要求时，如果遭到父母的拒绝，就会采取哭闹的方式争取。如果家长轻易心软而妥协，孩子就会认为"哭闹就能尝到甜头"，从而就会反复使用这种方式。当孩子耍性子的时候，家长可以试着冷处理，等孩子意识到哭闹行不通时，再耐心地跟他讲道理，让他认识到自己的行为是错误的。

2. 拒绝的理由要充分

拒绝孩子的时候，家长一定要给出充分的理由，让孩子知道，自己被拒绝是因为要求不合理，而不是因为父母不爱自己。要注意的是，拒绝的态度要温柔而坚定，切忌简单粗暴，或者半途而废，或者跟孩子讨价还价。

3. 及时表扬孩子的放弃

如果孩子在明白道理后，主动放弃了不合理要求，家长应及时表扬孩子的做法，以使孩子得到情感上的满足，强化其正确行为。

帮孩子定目标，不如培养目标感

问题48 你问过孩子的梦想吗？他想做什么，想成为什么样的人？

　　教育专家形容，没有目标的孩子，就像没有发动机的小火车。为什么这么说呢？孩子年龄尚小，虽然精力旺盛，动起来就像一台"轰隆隆"的小火车一样，但是意志力薄弱，缺乏耐性，如果没有一个他感兴趣的目标做指引，孩子做事就缺乏自发的热情和动力，很容易感到疲劳、厌烦，一旦遇到挫折和困难，就会止步不前、放弃努力，半途而废是经常的事情。

　　来看看下面的例子，当孩子在困难面前想要放弃的时候，一位善于引导的家长是怎么做的。

　　周末，爸爸带着小伟去爬山。一开始，小伟还很有兴致，蹦蹦跳跳地走在前面。没过多久，他就爬累了，不停地问："爸爸，还有多久呀？"爸爸总是告诉他"儿子，快了""还有一会儿"。小伟噘起小嘴，步子越走越慢，走到半山腰，他干脆往地上一坐，说："我不走了，累死了！"爸爸皱着眉头说："我们小伟是不是小男子汉啊？""激将法"这招在平时是最管用的，可当天小伟实在是太累了，他坐在地上不肯起来，说："小男子汉也会累呀，我不要爬了！"

爸爸想了个主意，他指着前方一处建筑问儿子："你看那个！"

小伟睁大眼睛，说："哇，好高的房子呀，顶上还尖尖的，爸爸，那是干什么用的？"

爸爸说："那是电视塔，我们在家听的广播呀，看的电视呀，都是通过它来发射传播的。它可是这座城市最高的建筑。我们站在上面，就能看到城市的一切哦！"

小伟惊讶地说："哇，好厉害！"

爸爸说："对呀，那小伟要不要去看一看电视塔？"

小伟"噌"地一下站起来，拍着手说："好啊好啊！"

小伟又恢复了活力，他大步往前跑着，很快就把爸爸甩在身后，还兴奋地说："爸爸，我们离电视塔更近了，快点快点！"

没有目标的爬山，在孩子看来是无聊的苦行；有了目标的爬山，在孩子眼里却变成了愉快的"梦想之旅"。爸爸巧妙的做法，运用了心理学里的"目标效应"。

心理学上把个体为了实现目标而产生强大的意志力量的现象称为

"目标效应"。在孩子的成长过程中，目标效应可以起到积极的作用。一旦孩子心中有了明确的目标，他就会被激发出主动性和挑战欲，不会被中途的挫折打败。

生活中，家长不可能事事都帮孩子定具体的目标，其实家长应当帮孩子建立的是"目标感"。目标感根植于孩子的内心，能让孩子在处理任何事情的时候都有订立目标的习惯和朝着目标一往直前的勇气。

拥有目标感的孩子，会充满自信、责任感和创造力，即使面对挫折和困境也毫不畏惧。缺乏目标感的孩子，缺乏自信，耐性差，容易受到外界干扰，遇到一点小困难就止步不前。

目标感的培养，必须从小抓起，0～3岁为孩子目标感的萌芽期，4～6岁为其目标感的关键形成期。孩子主动自发的目标感不是一朝一夕就能形成的，它需要家长细心观察，从生活方方面面的点滴中去培养。家长可以从以下几个方法去做。

1. 游戏目标感

对0～3岁的小宝宝，家长可以多陪他们玩类似"穿越隧道""障碍物爬行"等游戏。宝宝在玩游戏的过程中需要克服困难，朝着游戏设定的目标前进。

2. 区域目标感

孩子3岁以后，家长可以教他们区分物品或事件的界限，比如睡觉要在卧室里，吃饭要在餐桌上，作业写完要放进书包里，玩具玩完要放回收纳盒里，等等。

3. 方向目标感

平时带孩子出门的时候，家长可以有意识地教孩子辨认方向，记住标志性建筑。

4. 时间目标感

在孩子很小的时候，家长就可以向他灌输时间概念，比如将"再等一会儿"改成"再等5分钟"，这样能让孩子在潜意识里更有计划性和目标意识。

5. 成就目标感

在孩子完成某件事情的时候，家长要及时给予肯定，并给孩子"该事情已经结束"的提示，比如："哇，你才用半天时间就独立完成了这么复杂的手工，真是太棒了！"

培养孩子的逆商，提高他对逆境的掌控力

面对同一件事情，为什么有的孩子消沉，有的孩子更容易保持乐观？

继智商、情商之后，逆商成为家庭教育中新的重点课程。你给孩子上过逆商课吗？

逆商，即AQ，英文全拼为Adversity Quotient，最初是由美国职业培训师保罗·斯托茨提出的概念，指的是人们在逆境中的应对方式，具体来说就是面对挫折、逃离困境和克服困难的能力。

逆商的高低和孩子的心理幸福感息息相关，受到同样打击或处于相同困境的情况下，逆商高的孩子产生的挫折感较低，能够积极面对，而逆商低的孩子则容易产生强烈的挫败感，因此一蹶不振，难以走出困境。

为了让大家对逆商有更直观的了解，我们通过一个简单的事件来说明。

晓婷和铭铭是好朋友，暑假，她们约了另外几个同学一起去户外烧烤。早上出门还晴空万里，谁知道后来突然下起了雨，把他们带去的烧烤工具、食材全都淋湿了，大家都觉得特别扫兴。

躲雨的时候，铭铭看着自己裙子和球鞋上的泥，特别沮丧地想：我真是笨死了，出门也没有看天气预报，就算不看天气预报，出来玩也应该有带伞的习惯啊。球鞋也弄脏了，回去妈妈一定会批评我。唉，本来好好的一天就这么没了。

晓婷起初也有点不开心，但是她想：突然下雨，这是谁也不会料到的事情啊。不过，这个季节的雨一般都是阵雨，等一会儿肯定会天晴的，到时我们就可以继续烧烤了。也好，夏天下场雨降降温，不然烧烤时该多热呀。她已经在等待天晴，并在脑海里想象食材烤熟时香喷喷的样子了。

两个孩子中，很明显晓婷的逆商更高一些。同样是面对"出门烧烤遇到下雨"这件令人扫兴的事，铭铭觉得"自己笨死了""妈妈会批评""好好的一天没了"，产生了强烈的挫败感；而晓婷则有截然不同的想法，"这是意外""夏天下雨正好降温""等天晴可以继续烧烤"，很快就恢复了好心情。

其实，让孩子产生强烈挫败感的往往不是挫折本身，而是他对挫折的看法。逆商高的孩子，在挫折面前更容易保持积极乐观的态度，从而拥有更长久的快乐和幸福感。那么，家长应该如何培养孩子的逆商呢？

逆商被保罗·斯托茨教授划分为控制感、责任归属、影响范围和持续时间。家长可以从这四个部分入手。

1. 控制感

控制感指人们对困境的信念控制能力。处于逆境中时，控制感弱的孩子会说："我不行，我做不到。"此时家长要帮孩子认清他的能力优势，结合当前的困难，及时地鼓励他："这虽然很难，但是凭你的能力，你肯定能想出办法解决。"

2．责任归属

造成困境的原因无非有两种——内因和外因，内因包括自己的疏忽、无能等，外因则包括外界的不可抗力或伙伴的失误等。受到挫折的时候，逆商较低的孩子习惯于将责任全部归结到自己头上："我真是笨死了，考得这么差。"这时，家长应帮孩子客观地分析形势，找出外界的不利因素："这次的考题大部分同学都反映偏难，没考好并并不是因为你准备不充分。"

3．影响范围

挫折事件肯定会给个人带来一定的负面影响。逆商较低的孩子，会在心里把该影响无限扩大，比如上课破坏纪律被老师批评，他就觉得老师会因此讨厌自己，同学会嘲笑自己，继而联想到自己的学习成绩不好，实在像个笨蛋一样，进而连学校也不想去了。这时，家长要安慰孩子，明确地告诉他这只是个偶然性事件，引发的影响范围也仅限于此，老师和同学一样会喜欢他，他只要课后跟老师道歉，以后不再犯就好了。

4．持续时间

挫折事件带来的负面影响，不光有范围限制，还有时间限制。逆商较低的孩子会把该时间划定为"永久性的"，认为自己对现状无能为力，该负面影响将会永远持续下去。比如和朋友闹别扭，他会想，对方一定是真的讨厌他了，再也不会理他了。家长可以结合孩子和朋友以前的相处经历，告诉他这次吵架只是暂时的，如果他主动一点很快就会好转："你们是好朋友啊，以前每次吵架几天后就和好了，你既然珍惜这段友谊，为什么不主动一点寻求和解呢？"

别急着批评孩子的半途而废，他可能是能力不足

问题50 孩子拼积木失败，就生气不再玩了，你会怎么做？

新玩具研究了几天就丢到一边，学英语学了一周就嚷嚷着太难再也不想学了……生活中看到孩子这种种行为，家长就忍不住批评他"做事三分钟热度""半途而废"，认为孩子喜新厌旧、爱撒娇、想偷懒等。

其实，孩子很多时候放弃做某事，不是因为兴趣不足或者任性、懒惰，而是因为能力不足，这时家长就需要给孩子提供适当的帮助。

妈妈给桐桐买了积木玩具，桐桐很喜欢，每天都趴在地板上摆弄那些五颜六色的小塑料块。可是没过几天，积木玩具就"失宠"了，桐桐把它们扔在一边，碰都不碰。原来，昨天桐桐想拼一座玩具包装纸上印的那样的小拱桥，可怎么都拼不好，桐桐就生气了，把拼好的积木全都

推倒，说："不拼了，讨厌！"

妈妈坐到桐桐身边，假装兴致勃勃地开始搭积木。妈妈一边搭一边说："哇，好漂亮的小拱桥啊！"见桐桐被吸引了过来，妈妈就继续解说："你看，先搭两座相同的塔，中间再加上一块半圆，就变成桥了……桐桐，帮妈妈拿一块半圆形的积木。"桐桐很乐意给妈妈帮忙，他放下手里别的玩具，专心地看妈妈搭积木。

妈妈搭桥成功以后，对桐桐说："你要不要来试试？"桐桐连连点头，看样子他已经迫不及待了。桐桐在搭的过程中，忘记了一些步骤，在妈妈的提示下，终于也搭好了一座漂亮的小拱桥，桐桐非常开心。妈妈亲亲他，说："宝贝，你真是太棒了！现在换你教妈妈做一次，好不好？"桐桐信心十足地说："好！"

桐桐喜欢拼积木，但是由于挑战任务失败，就发脾气不拼了。妈妈做得很好，她有耐心，有方法，巧妙地帮助桐桐完成了任务，重新恢复了他的信心和兴趣。

苏联心理学家维果斯基指出，在一定的水平范围内，儿童几乎能够但是又不能完全独立完成某项任务，这时更有能力的大人如果提供恰当的支持和帮助，儿童就可以完成任务。心理学上将该水平范围称为儿童的"最近发展区"，而被提供的支持和帮助则被形象地称为"脚手架"，一旦儿童的能力得到提升，能够独自解决问题，大人就可以将"脚手架"移除。

孩子和大人一样，如果挑战某项任务失败，意识到自己的能力不足，就很容易放弃，回到自己的"能力舒适区"内。走出舒适区很难，而孩子本身意志力薄弱，缺少主观能动性驱使他们去克服困难。家长如果能适时地提供"脚手架"式的支持，就能协助孩子在自我认知上从"能力不够"转变为"也许我可以试一试"，进而发现探索和坚持的乐趣。

为了让家长们更好地理解怎样给予孩子"脚手架"式的支持，我们就以读绘本为例，从孩子掌握新能力所需的4个阶段入手进行分析。

1. 家长做，孩子看

此阶段由家长主导，家长读，孩子听，孩子一边听一边被动地记忆。

2. 家长做，孩子帮助

此阶段家长邀请孩子共同参与，比如家长边读边解释，让孩子帮忙翻页，遇到重复的单词或者句子，让孩子试着念出来。

3. 孩子做，家长帮助

此阶段，孩子开始自主翻页、阅读，遇到不懂的地方，家长在一旁提醒和辅导。

4. 孩子做，家长看

此阶段完全由孩子主导，他已经完全掌握了绘本里的知识，家长只需要在一旁陪伴和欣赏即可。

我们可以很清楚地看到，搭"脚手架"的过程发生在中间两个阶段，这也很好理解，如果孩子完全没有接触过相关知识，家长再使劲帮忙也没有意义，孩子不会听进去，也无法从中获取新的能力。关于这一点，家长一定要注意，给予帮助的最佳时机是孩子可以自己做一点点，但是又不能完全独立完成的时候，这样才能帮助孩子获得挑战成功的乐趣。

第十章
孩子不仅要有好心态，更要有好的品德修养

　　幸福感不仅仅源于自我发现，还包括对他人的感知、关怀和对社会的贡献。年幼的孩子就像一张纯洁的白纸，带他认识这个世界的真善美，培养他受用一生的良好品德，任重而道远。

不要随便给孩子贴"道德标签"

问题51 ▶ 孩子拿了家里的钱，你会怎么做？

在生活中，我们发现很多家长在批评孩子时，总是轻易地给孩子贴上"道德标签"。比如，孩子不肯把手里的食物分给奶奶，奶奶说他："宝宝现在都这么小气，长大更不会孝顺奶奶了！"小女孩看见同学穿漂亮衣服，回家嫌自己的衣服丑，被妈妈说："咱们不能爱慕虚荣，跟人攀比。"如果孩子拿了家里的钱，更会被家长训斥为"小偷""道德败坏"。

妈妈发现抽屉里少了200元钱，她怀疑是儿子俊俊拿的。晚上，妈妈把俊俊叫过来严肃审问了一番，俊俊支支吾吾地不承认，妈妈舒了一口气，说："妈妈也相信你不会做这种道德败坏的事情。"

过了几天，妈妈正在午睡，突然听到摸索口袋的声音，她一看，是俊俊在翻她的大衣口袋。妈妈当时的感觉就是"一盆凉水从头泼到脚"，她一下跳起来，吼道："家里出了小偷是吧？你给我过来！"

一顿打是免不了了，妈妈边打边说："你才小学三年级啊，妈妈有没有跟你讲过'小时偷针，大时偷金'的故事啊，你上学都学的什么，学的偷东西，学的撒谎骗人吗？妈妈对你真是太失望了！"

最后，妈妈罚俊俊写了保证书，俊俊哭着说以后不会再拿家里的钱。可是没过多久，俊俊的老毛病又犯了。妈妈不知道该怎么办了："打也打了，骂也骂了，这孩子以后可怎么办啊？"

我们可以体会到俊俊妈妈的心情，她觉得这件事情非常严重，是孩子的道德品质出了问题，但是实际上，孩子的心思很单纯，他的动机没有那么复杂，真正让孩子变坏的反而是家长这种动辄给孩子贴上"道德标签"的态度。

《夏山学校》的作者，著名教育家、心理学家尼尔说，有些家长在对孩子进行说教的时候，将整个道德制度强加在并没有完善的道德意识的孩子身上，然而他们不了解这样做的后果，也不愿意去正视。

千万不要把孩子的一些不良行为上升到道德的高度加以审判，负面的"道德标签"真的会毁掉一个孩子。在道德指责中，孩子的名誉遭受剥夺，人格遭受羞辱，而年幼的孩子作为弱势的一方只能默默忍受。更严重的是，孩子们甚至接受了这种过分的羞辱，在潜意识里觉得自己就是一个道德败坏的人，要么因此而自卑，要么破罐子破摔，从此放弃对自己的道德要求。

同样是孩子拿家里的钱，另外一位妈妈是这么做的。

最近，妈妈发现钱包里总是有些钱不翼而飞了，开始是5元、10元，后来发展到20元、50元。同时，儿子当当老是带回一些新玩具，妈妈问他的时候，他就说是同学借给他玩的。妈妈心里大概有数了，因为这孩子带回来的玩具，有时候连标签都还没拆呢。

妈妈没有说破，而是选择了一个周末早上，郑重其事地交给当当一个漂亮的礼物盒，说："妈妈现在记性越来越差了，老是记不住自己花了多少钱，儿子，你也长大了，现在交给你一个光荣的任务，由你来帮妈妈管钱，好不好？"当当兴奋地说："好啊好啊！"妈妈说："那从现在起你就是小管家了，妈妈以后拿钱要找你签字，你要是零花钱不够了也可以从这里面拿，但是也要找妈妈签字哦。"当当被委以重任，调皮地敬了个礼说："保证完成任务！"

从这以后，妈妈的钱包里再也没有少过钱，当当把账管得很好，很少从盒子里拿钱。一个月以后，他不好意思地向妈妈承认了以前的错误，妈妈笑着说："没关系，你以后想买什么找妈妈商量就好了。"

和俊俊妈妈不同，当当妈妈发现了孩子的不良行为以后，没有对他进行道德上的羞辱，甚至为了维护孩子的自尊心，没有把这件事情说破。她从不良行为中分析孩子的动机可能是"零花钱不够"，并给予他充分的信任，这种信任等于暗示当当，在妈妈眼里他是个诚实可靠的好孩子。孩子在这种暗示下，积极地维护自己的名誉，不但改正了不良行为，还主动承认了错误。

当家长发现孩子类似的不良行为时，也可以模仿当当妈妈的做法，温和、淡定，不站在道德的高度去批判孩子，而是细心分析行为背后的动机，保护孩子的名誉，给足孩子尊重和信任，潜移默化地培养孩子自发的道德意识。

归因错误会混淆孩子的是非观

问题52 生活中，你会不会经常对孩子说"你再这样，妈妈生气了"？

一位女士在乘坐高铁的时候，后排一个五六岁的小男孩总是拿脚踢她的椅子，女士忍了10分钟，实在受不了了，就回头对男孩的妈妈说："不好意思，能不能请小朋友不要再踢我的椅子了？"他妈妈有点不好意思，对男孩说："别踢了，你看阿姨都生气了。"

医院里，一位妈妈带着两个孩子做体检，孩子都处在最淘气的年纪，你追我赶，在走廊上乱窜，发出大声的尖叫。妈妈看到旁边有婴儿在睡觉，就对自己的孩子说："别吵了，没看到小宝宝在睡觉吗？"

看上面的两个例子，这两位妈妈的话初看上去没有什么毛病，都是在教育孩子要为他人着想，但是仔细分析一下，第一位妈妈的话会让孩子误以为"只要阿姨不生气，我随便怎么做都可以"，第二位妈妈的话会让孩子觉得自己的错误只是"打扰了宝宝睡觉"，事实上不论宝宝有没有在睡觉，孩子都不应该在公众场合大声喧哗。她们在纠正孩子的行为时都犯了归因错误。

在归因错误的教育方式的引导下，孩子没有机会和能力建立起客观正确的是非观念，因此容易出现以下行为特征：

1. 孩子会不断试探别人的底线

因为家长每次批评他都是由于别人的反应，好奇心旺盛的孩子就会忍不住不断试探别人的底线，看看哪些是其生气的底线，自己只要不触碰它们就好了。

2. 孩子习惯取悦别人

如果孩子从父母那里学到的是非观，通通是以别人的眼光来做判断标准的，即让别人喜欢的、高兴的就是对的，让别人生气的、不舒服的就是错的，那么他修正自己行为的出发点，就不是意识到并改正自己的错误，而是取悦别人。

3. 孩子会推卸责任

因为习惯了父母引导的归因方式，孩子在以后与人发生冲突时，就会把错误行为的责任都推卸到别人身上，包括对待父母也是这样："是爸爸叫我这么做的。""我这样做都是为了让妈妈高兴。"尤其到了青春期，很多亲子矛盾都会由此引发。

在孩子很小的时候，父母就应该告诉他，什么是对，什么是错，将客观的依据和准绳交到孩子手里，让他建立起自己的是非观念。具体来说，父母需要从以下几个方面做起：

1. 教育孩子时说行为的客观对错，不说他人的反应

家长应该在孩子做出不当行为的第一时间就制止他，而不是等到他人做出不良反应。在教育孩子的时候，家长应该分析该行为的客观对错，不说他人的主观反应时才制止，务必让孩子明白，不管有没有人指出来，他都不应该这样做。生活中家长很容易犯这样的错误，比如说"你再这样，妈妈生气了"。

2. 让孩子说出自己的观点

孩子对是非的认知能力有限，习惯听从大人的意见，相信大人说对的就是对的，大人说错的就是错的，这不利于培养孩子独立的、自发的是非观念，大人不在场的情况下他就难以约束自己。家长要多引导和鼓励孩子说出自己的观点，比如："你觉得刚才这件事情，谁做得不对，为什么？"

3. 让孩子坚持做自己觉得对的事情

生活中一些我们明明知道是错的事情，却因为别人都这样做，也不

免跟着去做，孩子当然也是这样。比如，现在很多校园里有欺负、孤立同学的事件，孩子知道这样做是错的，可是害怕自己也被欺负和孤立，于是加入"坏孩子"那一边。这时家长要告诉孩子，不要动摇自己内心的是非观念，去坚持做自己觉得对的事情，这样孩子长大以后才会成为正直、勇敢，充满正义感的人。

想培养孩子的诚信，就不要惩罚他的诚实

问题53 ━ 你答应孩子的事情，有哪些没做到？

　　世界上许多国家都非常重视在孩子童年早期的诚信教育：美国的教育者从幼儿园和小学起就开始培养孩子的诚信，他们会把关于诚信的内容编写进教材，在课堂上告诉孩子"诚实是最好的处世之道"；日本的中小学生人手一本道德手册，名为《心的笔记》，其中诚信是非常重要的内容；德国的教育心理学家普遍认为，四五岁时是孩子形成诚信品质的关键时期，因此德国家长们都非常注重为孩子营造真诚互信的家庭氛围。

　　专家经研究发现，那些不诚实、爱撒谎的孩子，在成年以后往往个性敏感、多疑，既无法取得别人的信任，也很难相信别人，难以与他人建立亲密关系。伴随着内心的不安全感，他们无法拥有真实美好的情感

体验，不会获得真正的快乐。

我们在生活中如果发现孩子有撒谎的坏习惯，一定要加以重视，妥善处理。

回顾一下，你第一次发现孩子撒谎是什么时候？其实孩子从很小的时候，基本是刚学会说话时，就会"说谎"了。1～3岁儿童的谎话笨拙，容易被识破，这是本性的流露，常显得天真可爱，比如嘴上还挂着糖渣，却否认自己偷吃过糖。到了4岁，儿童已经有了初始的对错观念，他们会意识到说谎不对，是不好的行为。实验表明，儿童的这种对错观念随着年龄的增长反而会变得模糊。5岁的孩子中，有92%的人认为说谎不对；而11岁的孩子中，只有28%的人这样认为。

为什么孩子越长大，反而越喜欢说谎呢？我们先看一则小故事。

孩子把花瓶碰到地上，花瓶碎了，妈妈问："是谁干的？"孩子诚实地说："我。"妈妈很生气，把他揍了一顿。后来，孩子又打碎了一只碗，妈妈问："是谁干的？"孩子指向家里的猫，说："它，我想拦没拦住。"妈妈表扬孩子"宝贝真乖"，给了孩子一块糖。

孩子因为诚实而挨了一顿揍，因为撒谎而得到了一块糖，故事看似好笑，却说明了孩子最初撒谎的动机。

孩子选择诚实还是撒谎，这取决于在以前的生活经验中，他主动承认错误所带来的后果。如果是责难和惩罚，他的诚实意愿难免会被削减；如果是奖赏或是从轻处置，他自然会爱上勇敢和坦诚的感觉。撒谎不是孩子刻意为之，而是他出于自我保护的意识所做出的本能反应。

父母都希望孩子诚实，把"你说实话，爸爸妈妈不怪你"挂在嘴边，却常常因为自己鲁莽的行为，让孩子受了委屈，破坏了孩子诚实的天性。父母在对孩子的诚信教育中，一定要注意方式方法，不断修正自己的行为。具体可以这样做：

1. 表扬孩子的诚实

孩子不愿意诚实，是因为没有体会到诚实带来的快乐。家长在孩子主动做出诚实的举动时，应该及时予以表扬，强化他的行为动机。

2. 减轻对孩子犯错的惩罚

如果父母在生活中过分严厉，孩子一旦犯错就会遭受严重的惩罚，这就会造成孩子很多时候不敢说实话，不敢承认自己的错误；所以，父母应该营造宽松平等的家庭环境，让孩子没有恐惧心理。

3. 平时要以身作则

很多家长喜欢对孩子许诺，比如说好了周末带他去游乐场，等到了周末又因为临时有事，完全把承诺抛到脑后，或是随意拒绝，不顾孩子的失落。时间久了，孩子会有被应付和欺骗的感觉，从而产生逆反心理，认为"大人都说话不算数，凭什么要求我说话算数"。家长希望孩子诚信，就应该首先赢得孩子的信任，对自己的一言一行负责，去努力兑现对孩子的承诺。

来自哈佛大学的"善良心理课"

问题54 你的孩子帮助了别人会告诉你吗？当时你的反应是怎样的？

有一个年轻女孩在网上分享她遇到暖心萌娃的故事。

我上个月失恋了，一个人坐在公园的长椅上哭。这时，一个三四岁的小男孩跑过来，很关心地问我："阿姨，你怎么哭了？"我擦擦眼泪，说："阿姨丢了个东西。"男孩说："您丢了什么？我帮您找啊！"看他认真的样子，我说："阿姨丢了一个玩具。"他真的在草丛上找了一会儿，然后跟我说："阿姨，没关系，我家里有好多玩具，我分一个给您，您等我啊！"说完就跑开了。不一会儿，他把他妈妈领过来了。他妈妈问他："阿姨难过了，怎么办啊？"小男孩就掏出自己的棒棒糖，还撕掉包装，递给我说："阿姨，您吃吧，吃完就不难过了，我就是这样。"我当时真的被暖到了，觉得世界特别美好，也很羡慕这位妈妈，能拥有这么善良可爱的小天使。

孩子关心人的方式与成人不同，他们简单、直接、稚嫩，充满童真，善良的孩子在成人眼里真的像散播爱的小天使。我们都喜欢善良的孩子，但作为家长，我们却常常忽略了对孩子善良品质的关注和培养。

哈佛大学的心理学家Richard Weissbourd主持了一个名为"Making Caring Common"（推广关爱）的项目，目的是帮助孩子们成为善良、富有爱心，懂得关心他人的人。他和他的团队认为，善良不是天生的，而很多父母并不知道应该如何去帮助孩子获得这种宝贵的品质。对此，

"Making Caring Common" 项目为父母们提供了5条建议。

1. 将"关心他人"作为评价孩子的优先标准

相关调查显示，80%以上的孩子认为父母更关心自己的成绩好坏和是否快乐，而不是自己是否关心他人，他们甚至表示"我取得好成绩时父母所表现出的自豪感是我帮助他人时的3倍"。父母的关注点直接影响了孩子的价值观，所以，父母在和孩子聊天或对其表达期望时，应该将关心他人这一条放在前面，比如将"今天老师教什么内容了，你们是不是快考试了"换成"你今天有没有帮助别人啊，说给爸爸妈妈听听"，将"宝贝，我们最大的期望就是你过得开心快乐"换成"宝贝，我们希望你能做一个有爱心的好孩子"。父母这样做，会让孩子意识到"关心他人是一种必备的优秀品质"。

2. 创造机会，让孩子加以练习

善良只是一种品质吗？不，它还是一种能力。和其他能力一样，孩子需要通过反复练习来学会体察他人的感受，并散播关爱。家长在生活中应该多提醒、引导孩子关注他人的感受，并在他帮助别人时给予由衷的赞美。

3. 扩大孩子关注的圈子

孩子的生活经验较少，生活圈子非常狭窄，他们通常只会关心自己的父母和朋友。家长可以教他们把关注范围扩大，去关心这个小圈子外的人。比如全家人一起看电视的时候，家长可以和孩子讨论贫困山区的小朋友上学难的问题，鼓励孩子捐出自己的衣服和零花钱。

4. 做孩子的善良榜样

孩子常通过模仿成人来形成自己的价值观，尤其是模仿自己的父母，所以家长要起到示范作用，比如报名当志愿者，为公益活动捐款等。如果能带着孩子一起参加，示范效果会更明显。

5. 教孩子管理好负面情绪

一个连自己的情绪都管理不好的人，是没有多余的能力去关心和帮助别人的，所以家长应该关注孩子的情绪，培养孩子良好的情绪管理能力。

宽容的孩子更有好人缘

问题55 →你的孩子说要跟朋友绝交，你会怎么劝他？

在手工课上，小远用橡皮泥做了一辆非常漂亮的小汽车，却被同桌小杰弄坏了。小远特别生气，质问小杰为什么弄坏他的小汽车，小杰平时就调皮捣蛋惯了，不但不道歉，还对小远一个劲地做鬼脸，说："不就一辆假的小汽车嘛，真小气！"

小远回到家，气还没有消，他一个劲地跟爸爸描述当时的情景，说小杰是个讨厌鬼，自己再也不要理他了。

爸爸说："嗯，小杰这件事情是做得不对，但是你想想，他可能不是故意要弄坏你的小汽车的，而是喜欢它，想要拿着玩一玩，这说明你的作品做得多漂亮啊。小杰是调皮了一点，但是哪个小朋友身上没有缺点呢，他一定也有优点，对不对？"

小远想了想，说："嗯，他总是给我带好吃的。"

爸爸接着说："嗯，所以啊，你们俩以前是好朋友。现在你跟好朋友吵架了，你自己开心吗？"

小远老实回答："一点也不开心。"

爸爸笑了："既然你是个小男子汉，你要不要大度一点，原谅你的好朋友？"

小远点点头，说："好！"

第二天，小杰没有带文具盒，他东张西望地到处找人借。小远拿出一支铅笔递给他，小杰不好意思地挠挠头说："小远，对不起，我昨天不是故意的，而是很喜欢你做的小汽车。"小远笑着说："那我下次教你做！"两个小伙伴又重归于好了。

上面案例中，小远一开始生气地质问小杰，小杰却对他做鬼脸，还讽刺他；后来小远不跟他计较，还主动借文具给他，小杰却觉得惭愧，主动承认了错误。

在人际交往中，这种你越强硬对方越不服气，你越温和对方也越友好的现象在社会心理学上被称为"南风效应"。

南风效应源自法国作家拉·封丹写的一则寓言。寓言中，南风和北风比威力，看谁更厉害，能把行人的大衣吹掉。北风使劲狂吹，行人觉得寒冷刺骨，更加裹紧了大衣；南风轻轻吹过，行人觉得温暖如春，便自然地脱下了大衣。

孩子们之间相处，难免因一点小事而产生矛盾，发生冲突。这时候，如果孩子斤斤计较，乱发脾气，得理不饶人，就会激化矛盾，失去友谊，结果双方都不开心。那些懂得宽容的孩子，就像和煦的南风一样，充满朝气和亲和力，大家都愿意跟他做朋友，他的心里也会更快乐。家长要有意识地培养孩子宽容大度的品质。具体可以从以下几个方面去做：

1. 教孩子心理换位

如果孩子只站在自己的角度上考虑问题，就会忽略对方的动机，觉得对方的行为是故意针对自己。家长应帮孩子分析他人的处境，引导孩子设身处地地考虑他人的感受，这样能让他放下敌对情绪，更加理解和包容他人。

2. 告诉孩子人无完人

孩子的社会阅历尚浅，他们有时候会有"完美强迫症"，对自己和朋友的要求都很高，因为朋友的一句话就否定对方或者受到伤害。家长要告诉孩子，世界上没有完美的人，即使是爸爸妈妈，也会有犯错的时候，所以要多看朋友的优点和可爱之处，不要为对方的一点错误而斤斤计较。

3. 鼓励孩子接纳新事物

孩子的不宽容还体现在"求同排异"上，他们会喜欢和自己类似的人，本能地排斥和自己不同的人，这种态度不光体现在对人上，还体现在对新鲜事物上。对此，父母可以从让孩子悦纳新鲜事物入手，去增加孩子对"不同"的接受度，从而让他对不同类型的人也更加宽容。